FUN
DERE
LELE

Diseño de portada: Diana Ramírez
Imágenes de portada: © passion artist y © Valentina Proskurina |
Shutterstock (tipografía y cuchara) y © 123rf (bola de helado)
Ilustraciones de interiores: Emmanuel Peña

© 2018, Laura García Arroyo

© 2018, Editorial Planeta Mexicana, S.A. de C.V.
Bajo el sello editorial DESTINO M.R.
Avenida Presidente Masarik núm. 111, Piso 2
Colonia Polanco V Sección
Delegación Miguel Hidalgo
C.P. 11560, Ciudad de México
www.planetadelibros.com.mx

Primera edición impresa en México: mayo de 2018
Quinta reimpresión en México: abril de 2019
ISBN: 978-607-07-4588-1

Impreso en los talleres de Impresora Tauro, S.A. de C.V.
Av. Año de Juárez 343, Colonia Granjas San Antonio,
Delegación Iztapalapa C.P. 09070, Ciudad de México.
Impreso en México / Printed in Mexico

LAURA GARCÍA ARROYO

FUN DERE LELE

Y más hallazgos de la lengua

DESTINO

*A todas aquellas personas que, consciente
o inconscientemente, me han regalado una
palabra que añadir a mi vocabulario y con
ellas me han ayudado a ampliar mi mundo.*

A modo
de introducción

Las palabras transmiten mensajes. Pero también comunican emociones; y para reconocer si son apasionadas, indiferentes, dolorosas, temibles, felices... hay que detenerse a observarlas. Con todos los términos establecemos una relación que nace al conocer su significado y va creciendo según lo que nos hace sentir al escucharlas, al decirlas, al recordarlas. En definitiva, lo que vivimos en su compañía. No es lo mismo pronunciar "te amo" que lanzar un "te odio". La diferencia puede ser sólo una palabra y, sin embargo, el impacto en el que las escucha nunca será el mismo.

¿Cómo elegimos las palabras que usamos para hablar o escribir? ¿Cómo nos definen esas palabras y qué dicen de nosotros? ¿Conocemos todas las palabras que existen para poder seleccionar entre todas ellas la que exprese justo lo que queremos? ¿Cómo y dónde encontramos nuevos términos y cómo establecemos esa relación con ellos? Este libro pretende dar una muestra de las diferentes formas en las que uno se topa con nuevas palabras y narra en primera persona cómo algunas llegaron a mí, a mi vocabulario, a mi vida. Cómo las hallé, o me hallaron, cuándo empezó mi historia con ellas y cómo el descubrimiento de cada una llegó de la manera más inesperada, extraña, peculiar e impredecible. O no tanto. Porque las palabras desconocidas nos rodean, siempre están ahí. Podemos encontrarlas en los libros, en los maestros, en las redes sociales, sí; pero también en la calle, en los amigos, en la gente con la que nos cruzamos de forma casual, en las incorrecciones del otro, en los carteles o grafiti, en las conversaciones en las que participamos o en las que escuchamos por azar. Y de repente ese hallazgo se convierte en feliz encuentro en el que un nuevo término pasa a formar parte de un léxico que va creciendo y con él, el mundo y nuestra forma de existir en él.

¿Cuántas palabras existen en nuestro idioma y cuántas usamos en nuestro día a día? Trescientas. Ésa es la pequeña cantidad de términos con los que solemos comunicarnos en la cotidianidad. Apenas tres centenas componen el vocabulario de un hablante común (más o menos lo que ocupan los dos últimos párrafos de este texto). Para un extranjero puede resultar motivador saber que con una lista corta de sustantivos, verbos, adjetivos y preposiciones sería capaz de mantener una conversación en español, pero para un hablante nativo es una noticia triste. Sobre todo, considerando el idioma tan rico, vasto y maravilloso que tenemos, uno que cuenta con cerca de 300 mil palabras registradas. Eso es... ¡un 99.9% del vocabulario queda en los diccionarios sin usarse! Por supuesto, hay acotaciones, como la edad u ocupación del hablante, pero como sea, estamos desaprovechando un gran universo.

Me quedé pensando: ¿cuántas palabras conocería yo? Y empecé a poner atención, a detenerme en buscar y encontrar palabras nuevas, aquéllas que no se pronuncian con frecuencia, aquellas que a veces pasan de largo sin darnos cuenta, aquellas que tuvieran algo que las hiciera especiales. Así fue cómo nació en mi cuenta de Twitter (@Lauentuiter) #PalabrasQueMeEncuentro, un grupo de nuevos amigos con los que nació una historia. Una lista de palabras que iban surgiendo en mi día a día de las maneras más fortuitas y que automáticamente metí en un cajón de ocurrencias que quería conservar. Algunas eran tecnicismos, vocabulario que sólo usarían los entendidos en un tema; otras ni siquiera aparecían en los diccionarios comunes; pero algunas resultaron ser joyas lingüísticas, conceptos muy cotidianos, palabras que solíamos sustituir con comodines o definiciones en nuestra comunicación habitual. Quedé asombrada y también intrigada. Eran palabras desconocidas que representaban cosas, acciones y sensaciones muy conocidas. Ahí habían estado junto a nosotros y estaban desapareciendo. Así que decidí incluirlas en mi vida. Y lo disfruté tanto que se me antojó compartirlo.

Funderelele fue la primera de todas ellas e inmediatamente pasó a ser mi favorita. Con el tiempo y con la escritura de estos breves ensayos se convirtió además en el título de lo que pretende ser este libro: un baúl del que salen volando unas cuantas palabras con la ilusión de que alguna llame la atención, sea atrapada y empiece una nueva historia con un usuario de la lengua.

Y como se trata de palabras raras, singulares y extraordinarias, merecían aparecer en un orden igual de llamativo y juguetón. Por eso verás *zupia* en primer lugar y *abuelo* en último. La invitación es a que las leas como quieras, cuando quieras y te adueñes de ellas. Son palabras para compartir y divertirse.

El 19 de septiembre de 2017 la tierra tembló y mi casa en Ciudad de México se desplomó. En ese momento estaba escribiendo uno de estos textos, que para entonces eran ya casi diarios. Antes de que demolieran el edificio me dejaron subir a recoger algunas pertenencias. Fui directa a mi escritorio a buscar esas anotaciones que tenía repartidas por todo el estudio y entre las cosas revueltas que quedaron en el piso, aparecieron estas palabras que logré salvar. Este libro podría haberse titulado *Palabras que rescaté entre los escombros* pero en realidad, las palabras son mucho más que un momento, son toda una manera de describir el mundo, de sentirlo y de compartirlo. Estas palabras terminaron rescatándome a mí durante las semanas posteriores a esta desgracia y con ellas sigo escribiendo historias. Las dejo aquí para el que quiera iniciar una historia con alguna de ellas.

ZUPIA

Poso del vino.

Me parece el momento más divertido de la cena o de la fiesta. Pasadas varias horas de convivio, como detectores en la oscuridad, los bebedores de tinto empiezan a ser balconeados por sus labios, sus dientes y su lengua. Un tono morado invade su boca para delatarlos irremediablemente. Son los restos de los brindis y el suvenir que se llevarán a casa. Cuando se vean en el espejo antes de irse a la cama se quedarán pensando si realmente tomaron mucho o ese último vino no ganará el premio a la mejor cosecha del siglo. Las culpables son las antocianas, unas moléculas de color que al contacto con la boca se vuelven colorantes. Y sí, tiene que ver con la edad del vino. No así el dolor de cabeza al día siguiente; ése tiene que ver con la edad del consumidor.

La fiesta acabó y todos se van a casa. Tras el último adiós te quedas solo. Respiras satisfecho porque todo salió bien. Echas un vistazo a la sala y decides que es muy tarde para ponerte a recoger, que mañana es domingo y que no hay problema por dedicar tu día festivo a reponerte de la fiesta, paradójicamente.

Ese pensamiento brillante de la noche se apaga en cuanto se enciende la luz solar. Cuando a la cruda le sumas el panorama desolador que te espera fuera de tu dormitorio sientes cierto arrepentimiento.

La parte más sencilla es la de sacar una bolsa de basura y llenarla con todo lo que te vas topando. Abres las ventanas para ventilar, metes en el refri las sobras que conformarán tu alimentación la próxima semana y te quedas inmóvil ante la pila de trastes que tienes que lavar. Los platos, cubiertos y vasos no resultan difíciles; lo complicado llega con esas copas que te regalaron cuando tus amigos pensaron que ya era hora de beber en recipientes de adulto. Se esmeraron. Trajeron cristalería que parecería de Baccarat (no es que la conozca, pero leí en una revista que son los cristales de más elegancia, y de Francia, por supuesto), y sí, los brindis ya son otra cosa. Pero ahí les encargo lavarlos. Yo parezco un cirujano en una operación a corazón abierto.

Los dejo siempre para el final, como los últimos amigos que salen de tu casa, con los que terminas esas últimas botellas de vino. Y ahí está toda la zupia mirándome con soberbia. Atrévete, parece decirme aquel poso burdeos. Y es que con la madurez vienen las copas de cristal y el vocabulario refinado. *Zupia*. De las últimas palabras del diccionario, como residuo lingüístico, como sedimento de un jolgorio que dejó marcadas sonrisas y lo más profundo del cuerpo. El cuerpo de la copa, aclaro.

Si en los posos del café se lee el futuro, no es descabellado pensar que las zupias del vino pudieran contarnos mucho del pasado...

VIRGULILLA

Signo ortográfico similar a una coma que aparece en el apóstrofo, la cedilla o la letra eñe.

De las 27 letras en nuestro abecedario, me declaro fan de la eñe por encima de las demás. Una amante del idioma tiene que enaltecer a la más española de todas. Soy la habitante del planeta Ñ más devota que existe, defensora de su supervivencia y admiradora apasionada de sus exquisitas apariciones con las que adorna cada palabra que la contiene (*hazaña, cariño, guiño, pestaña, niño, reseña, muñeca, madrileña, ñáñaras, ñoclo, ñengo, ñoña...*).

La decimoquinta letra del abecedario aún no estaba incluida en el latín básico; nació de la rapidez de los monjes que copiaban libros manuscritos y de los trucos de las imprentas, que para economizar sustituyeron el grupo *nn* por una *n* a la que le pusieron encima una rayita ondulada para obtener el mismo sonido. Y así, en un santiamén, *annus* se convirtió en *añus*, para, en muy pocos de ellos, quedarse en la definitiva *año*. Y gustó.

Rápidamente se adoptó en la escritura común. Nadie pudo resistirse al encanto de aquella olita que parece navegar sobre la ene y la vuelve romántica, la hace única, la dota de movimiento y nos pone a imaginar. ¿O será un copete? ¿O tal vez la ene se pondrá un fular para no pasar frío? Poca gente sabe cómo se llama ese signo. En latín se llamó *virgula*, diminutivo de *virga* (vara), así que sería una *varita*. ¿Ven la magia?

Una vez quise llevar un dije que fuera una ñ. Así como la gente que lleva su inicial colgada al cuello, yo quise rendirle homenaje a la letra que quiero tanto. Cuando iba a las joyerías a preguntar si la tenían me di cuenta de que no era capaz de nombrar el signo que la diferenciaba de la *n:* "No, no, no quiero una *ene*, quiero una *eñe*, que tenga ese... rabito encima". Me dio tanta pena que busqué y busqué hasta que lo encontré. Finalmente pude decir: "No me sirve la *ene*, estoy buscando la *eñe*, con todo y... virgulilla". Doble orgullo: ser la única que buscaba esa letra y decir el nombre de su distintivo más preciado. El joyero me miró incrédulo: "¿Pero qué nombre es? ¿Cómo se llama usted?". Pensé en decirle un nombre cualquiera, como... No encontré ningún nombre propio que empezara con *eñe*. Nuevo reto. En el que aún sigo, por si alguien quiere ayudarme.

Al final conseguí a un joyero que me diseñó mi dije, Israel. "Lo que más me costó fue la virgulilla". Lo amé. Al joyero y a mi colgante.

TUSÍGENO

Que genera tos.

Hay gente alérgica a la primavera, más bien a las esporas y al polen que vuela en el aire primaveral, cuando las flores se ponen a coquetearse entre sí. Hay gente que tose con el polvo, con la humedad, con el pelo de algunos animales, evidentemente con los virus, por asma...

Yo toso cuando llega el frío. No falla. Podrían contratarme para predecir el clima. El mercurio del termómetro empieza a descender y una tos molesta e interminable me deja molida. Una tos espasmódica a prueba de paciencia que no se detiene con ningún remedio. Los he probado todos, lo juro. Cada vez que alguien me escucha, primero me dice que deje de fumar (no he tocado un cigarro en mi vida) y después de la consiguiente explicación de que no tiene que ver con el tabaco me dan el remedio infalible, *in-fa-li-ble*, que pasará a la lista de intentos frustrados. A veces toso tanto que me duele la panza, como si viniera de hacer quinientas abdominales. Pero sin tener el lavadero...

"¿Qué te hace toser, Laura? Hay que encontrar el elemento *tusígeno*". Y dicho así hasta suena bonito. No encontré la causa pero sí el origen de la palabra.

Dejando la tosedera de lado y concentrándonos en lo lingüístico, siempre más interesante, encontré que los romanos ya tosían (claro) y crearon el término a partir de *tussis* (quizá onomatopéyico, quizá derivado del verbo *tundere,* que significaba *golpear*) y le añadieron el sufijo

-geno, presente en las palabras que señalan algo que *genera* o *produce* (ahí están *lacrimógeno, cancerígeno, alucinógeno, hidrógeno*...).

Lo curioso de la tos es que se trata de un acto reflejo que el cuerpo hace por nuestro bien. Excepto con la tos seca, que sirve sobre todo para que te volteen a ver en un lugar en silencio, te irrites la faringe y entres en un círculo vicioso del que no lograrás salir. Adivinen cuál es la mía.

A veces mi tos puede confundirse y entonces recibo un *salud,* propio de estornudos, pero a diferencia de éstos, que viajan a más de 160 km/h, la tos, siempre más torpe, sólo alcanza los cien kilómetros en los mismos sesenta minutos. Ni cómo ayudarla (no puedo dejar de imaginar las investigaciones para determinar estas cifras y las caras serias de los científicos observando de cerca babas, saliva y mocos lanzados a velocidades vertiginosas y sonriendo orgullosos al detener el cronómetro). Ahí, más que toser, destosería, otro gran verbo usado para esa otra tos, la fingida, provocada y forzada para hacer alguna señal o llamar la atención de alguien. Porque la tos es eso, una señal de alerta. *Cof, cof.*

TREMOFOBIA

*Miedo irracional
a los temblores.*

Yo tampoco lo entendía antes del 19 de septiembre de 2017. No criticaba la actitud de quienes se asustaban y se bloqueaban cada vez que la Tierra nos ponía en alerta, pero tampoco imaginaba el miedo de quienes habían vivido la sacudida 32 años antes. Los llegados a esta ciudad después del 85 hemos vivido varios temblores de diferente intensidad, pero ninguno como el del 19 de septiembre, dos horas después del simulacro que nos recordaba el desastre anterior. Y ahí la comunidad de aterrados por el movimiento telúrico se agrandó. Ese día me convertí en *tremofóbica*. Y ahora no sólo entiendo a los que se apanican, sino que soy de las que asustará a los que no hayan vivido ninguno de los dos 19.

El primer avisó llegó unos días antes, a las 23:49 horas del 7 de septiembre. Me disponía a meterme en la cama mientras esperaba la llamada de mi hermano, que estaría saliendo de casa para dirigirse al trabajo. España tomaba el relevo de la acción y México descansaba de la suya. Los días habían estado intensos con las lluvias y las inundaciones, así que irse a dormir era casi un acto de agradecimiento. La noche trae calma, silencio, una recompensa después del bullicioso quehacer diurno. Se agradece tanto que la monstruosa ciudad se vuelva cómplice y te enamore de nuevo con sus luces, sus cielos y su tranquilidad...

Pensando en esta polaridad mexiqueña, empecé a oír la alerta sísmica. Me concentré unos segundos hasta confirmar que de eso se trataba, no de la alarma de un coche o de un banco, que son más comunes. En la noche, todos los ruidos son alarmas. La tarde anterior había sonado en un indeciso y arrepentido temblor que dejó para el día siguiente su aparición indeseada, así que teníamos reciente su recuerdo. Ese tono agudo, estridente, desapacible. Ese pitido que se te mete en las entrañas para paralizarte unas milésimas de segundo y estremecerte de inmediato. Pero en realidad cumple su función y reconocemos su efectividad aunque no podamos evitar que se nos agarroten los músculos y se nos desactive la razón. Está programada para conjugar verbos como *salir, respirar, actuar*. Pero en realidad los que detona son *tiritar, correr, angustiarse, balbucear, titubear, espantarse*... y un largo etcétera de sentimientos que incluyen miedo, nerviosismo e incertidumbre.

Y entonces comenzó. Como guiados por un diapasón seguimos los pasos de una coreografía que dicta un instrumento único, acompañado ahora por jadeos, instrucciones repetitivas, pisadas aceleradas, ladridos de perros y unos latidos que parecen salirse del pecho. Una imagen que vista desde al aire debe parecerse a la de las hormigas despavoridas cuando su guarida se inunda o la entrada está tapada.

Ya en la calle, cuando uno creería haber recuperado el aliento, lo que se encuentra es una escena de llantos, aflicción, lamentos, oraciones y ayes. El vecino con el que no te hablabas desde hace meses porque no pagaba el mantenimiento de repente se convierte en tu mejor refugio; tu vecina, la que se quejaba porque estacionas mal y no podía salir sin maniobrar, ahora te abraza como si fueras su tabla de salvación; el administrador, tan resuelto en las juntas mensuales para aplacar y conciliar catorce maneras diferentes de vivir, empieza a sudar por sus catorce millones de poros, y el portero, ese ser entrañable, tranquilo y sereno durante 364 *buenosdías,* pierde los estribos y solloza abatido por no poder comunicarse con su hija. La cicatriz del 85 aún duele.

Recuerdo mi primer temblor: madrugada del 9 de agosto de 2000. En esa ocasión creo que hasta me divertí. Me daba mucha curiosidad saber qué se sentía, me asomé a la ventana esperando ver la danza de los edificios como botargas en agencia de coches. Escuchaba a los vecinos bajar las escaleras sin saber por qué, trataba de ubicar un marco de puerta que se viera fuerte o el muro de carga en un departamento que sólo contaba con seis paredes. Aunque no tenía ni idea de qué hacer o qué buscar, tampoco planeé quedarme inmóvil. Aún no conocía términos como *oscilatorio* o *trepidatorio* y ya sabía cómo se manifestaban y qué te hacían sentir. Pasé el día entretenida escuchando anécdotas de todos mis compañeros de trabajo, porque no había otro tema de conversación: el temblor lo ocupa todo durante las horas posteriores. Aprendí que existen réplicas, rutas de evacuación y protocolos de acción. Vi rostros de turbación, zozobra y miedo, mucho miedo.

Años después viví uno más fuerte: vi cosas caerse de los libreros, me costó bajar las escaleras por las sacudidas y entonces sí sentí la impotencia, el descontrol, la vulnerabilidad y la incertidumbre del fin. Si uno supiera cómo va a terminar un temblor podría tomarlo de otra forma, incluso disfrutarlo. Pero no, es parte del fenómeno: el poder de la naturaleza frente a la insignificancia del ser humano.

El 19 de septiembre de 2017 la alarma no sonó. La sacudida de las 13:14 horas nos sorprendió en casa a doce personas, en un edificio que semanas después sería demolido. Quedó agrietado, herido. Nuestras cosas, nuestra paz, nuestros sueños y nuestro bienestar se cayeron con él. Desde entonces nada ha sido igual.

La falta de control nos da miedo. Algo que puede causarnos la muerte acobarda. Una contingencia que no se puede predecir y que nos puede quitar en segundos todo lo que tenemos amedrenta hasta al más aplomado.

La *tremofobia*, ese miedo que padecen —padecemos— los que sienten temblar cada átomo de su anatomía con cada movimiento tectónico, se considera —o consideraba— algo exagerado e irracional, pero ¿es irracional sentir que el mundo se te cae encima y al mismo tiempo se derrumba bajo tus pies? ¿Qué tan irracional es temerle a algo que te puede costar la vida?

TRAGO

Prominencia de la oreja, situada delante del conducto auditivo.

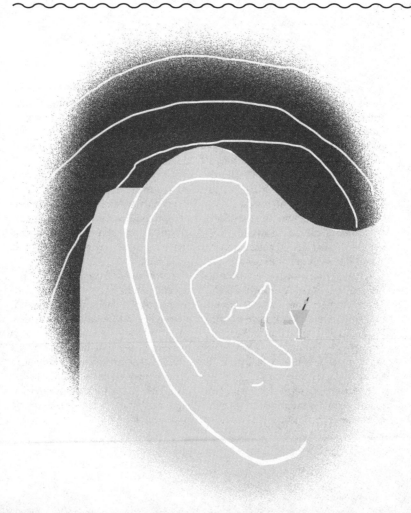

Uno se da cuenta del paso del tiempo cuando sus sobrinos empiezan a hacer cosas de adultos, y pasamos de jugar en los columpios, pintar garabatos y bailar con payasos a darles consejos sobre amor, estudios, peligros nocturnos o... modas. Modas en las que uno, por supuesto, está más que obsoleto. Pero al menos al principio se acercan en busca de una opinión.

Yo moría de orgullo y satisfacción al pensar que veían en mí a la tía moderna y confidente en quien depositar su dura adolescencia. Con los años me di cuenta de que en realidad necesitaban una cómplice que les ayudara cuando tenían que enfrentar a alguno de sus padres, mis hermanos. Un conflicto familiar que me dejaba siempre entre la espada y la pared, en el que hay que hacer malabarismos para equilibrar ese secreteo con los jóvenes y la responsabilidad como adulto.

Me pasó con Elena. Yo ya sabía que se quería hacer un piercing desde hacía tiempo y que negociaba calificaciones con sus padres para lograrlo. Hasta entonces habían conseguido aguantar, pero cuando aparecí una Navidad con mi tatuaje en la muñeca, Elena agarró fuerzas para insistir una vez más. Su madre ya se estaba quedando sin municiones para defenderse, así que me pasó la bolita, consciente de mi miedo al dolor: "Que te diga tu tía Laura si se haría un piercing". La mirada de la adolescente me puso en jaque y tuve que pensar rápido cómo salir de ésa. Y salí con lo que tengo siempre a mano, las palabras.

—¿Ya has pensado dónde quieres hacértelo y si te va a doler mucho?

—En la oreja —respondió veloz y haciendo caso omiso al suplicio. Ella no tenía un umbral de dolor como yo. O aún no lo conocía (libertad de la pubertad).

—A ver, en el lóbulo, no, porque ahí llevas los aretes y no se vería. Entonces, ¿en el trago o en la hélice?

Sus ojos se abrieron como platos. Y siguió una carcajada:

—¿Trago? ¡Tía, aún no es hora de tomar! —Me quedé pensando en el tipo de fama que tengo entre mis sobrinos...

—Uy, ¿no sabías que también tragamos por las orejas?

Y entonces nos enfrascamos en deducir qué tenía que ver el *trago* de *tragar* o *beber* con el *trago* de la oreja, esa especie de puerta que nunca cierra el conducto del oído.

—Es más, ¡también hay un antitrago! —Y le agarraba esa otra prominencia que se encontraba frente al trago...

Seguimos hablando de por qué tenemos la costumbre de jalar las orejas cuando alguien cumple años, las diferentes formas y tamaños de orejas de la gente y hasta historias de terror de cuando a alguien se le meten insectos por el oído y lo asqueroso que es sacárselos. Así empezó una de las mejores tardes que recuerdo con ella.

La conversación y las bromas distrajeron a Elena un par de años. Se perforó la oreja cuando cumplió los dieciocho. Pero cada vez que presume su piercing le cuenta a todo el mundo cómo se puede tragar por otra parte que no sea la boca. Y así volví a ser la tía *cool*. Al menos hasta la siguiente prueba de adolescencia.

19

TOPIARIA

Arte cultivado en la jardinería que consiste en darles formas determinadas a las plantas mediante la poda con tijeras.

En 1997 el gran acontecimiento en España fue la inauguración del Museo Guggenheim, que había transformado el paisaje bilbaíno y nos hizo a todos planear un viaje a la ciudad vasca. Aquel fin de semana de noviembre nos lanzamos a conocer la nueva obra de Frank Gehry que todos aplaudían. Y las expectativas se cumplieron: el edificio nos pareció espectacular, asombroso. La vista exterior de aquella construcción metálica junto a la ría no deja indiferente a nadie. Recuerdo haber estado un buen rato a cierta distancia para observarlo con detenimiento y haber disfrutado acercarme poco a poco hasta tocar aquellas paredes brillantes por el sol. En el interior, espacios fabulosos, una exposición de China y mucho cuello adolorido de tanto mirar hacia arriba, hacia los lados, hacia abajo...

Pero confieso que lo que me traje en mente en el camino de vuelta fue el recuerdo de Puppy, ese cachorro gigante compuesto de flores que da la bienvenida en la puerta del museo, todo un símbolo del nuevo monumento y todo un ejemplo de la topiaria. No, no se trataba de un término en euskera, esta palabra que define *el arte de podar las plantas para lograr formas concretas* la heredamos de los antiguos romanos, que llamaron *topiarium*, el arte del hortelano decorador, a estas estatuas vegetales.

Ya había visto algunas muestras en Versalles, donde los jardines del palacio francés lucen formas de todo tipo en sus arbustos y árboles, pero los jardineros de mi barrio en la infancia ya se divertían con las tijeras y nos divertían a nosotros, pues nos ponían a adivinar qué habían querido hacer en ese matorral o en aquél. Como el juego con las nubes, pero para los días despejados. Igual que el Joven Manos de Tijera, aquellos artistas convertían esquinas de parques en auténticos vergeles.

Hay arbustos mejores que otros para practicarlo, y estilos que hacen reconocer épocas, lugares o maestros en este arte a partir de la técnica y las formas. Pero para nosotros sólo existía el talento de Paco, nuestro rey topiario particular, que fue nuestro mayor entretenimiento las mañanas de toda la Primaria. Años después vería en los escaparates de las floristerías topiarios en venta y descubriría que les dicen así también a los arreglos compuestos por miniárboles manipulados con cintas, varillas u otros materiales que asemejan un árbol pequeño.

Algunos podrán decir que con esto se adultera y afecta el crecimiento natural de las plantas, y tendrán razón, pero es indiscutible el poder relajante, sosegador y sereno que transmite pasear cerca de un lugar verde, lleno de vida, en el que las plantas parecen hablarte y contarte una historia.

TIMAR

Entenderse dos enamorados con la mirada o hacerse guiños.

Mi hermano conoció a su mujer en la universidad y, entre las clases de nutrición, anatomía, psicología y bioestadística, se enamoraron. Llevan veinte años juntos. Son un gran ejemplo de amor. No conozco a dos personas que se lleven tan bien y derrochen tanto cariño, admiración y respeto. Se conocen tan bien que han llegado a desarrollar un lenguaje propio.

Todos tenemos nuestros códigos familiares, palabras que sólo entendemos cuando conversamos con los que nos han visto nacer y crecer, chistes locales nacidos en viajes de infancia y referencias culturales que pertenecen a un ámbito que resguardan las paredes a las que llamamos *casa*. Pero lo que Jaime y Elena hacen es hablarse con los ojos, y eso pocas personas lo logran.

Pueden decir lo que piensan sin ser escuchados, pueden darse consejos o apoyo sin interrumpir una plática con más personas, pueden expresar opiniones o valoraciones sobre alguien presente con discreción, pueden reclamarse, enojarse sin fruncir siquiera el ceño y pueden decirse todo tipo de cosas bonitas en silencio. Mientras se entabla una plática en grupo, ellos mantienen otra en privado. Y eso me parece un superpoder. No sólo es práctico, con ello además, logran un vínculo muy especial, indestructible.

Hay muchos casos de comunicación visual, como los que logran jugadores de naipes al decirle sólo con gestos a su compañero qué cartas tienen, qué estrategia de juego seguir y cómo engañar a los adversarios y ganar la partida. Los sordos y los mudos han creado un alfabeto a partir de señas que incluyen gestos y movimiento de manos para expresarse en un lenguaje con gramática propia. Deportistas de todas las disciplinas se hacen guiños para determinar jugadas; árbitros y competidores consultan dudas y muestran decisiones sin mediar palabra... Son ejemplos de lenguajes y códigos en los que no se usa la voz, pero en los que además de ojos actúan labios, nariz, cejas, manos, brazos...

La de los enamorados es una comunicación basada en la mirada, únicamente la mirada. Quieta, silenciosa, discreta, privada. Y por eso tiene una palabra que lo define: *timo*, el entendimiento que construyen dos personas que se aman. Y cada quien tiene una manera de expresarlo. Y aunque el verbo *timar* nos remita más al engaño y a la trampa, significado que usamos con regularidad, me parece curioso que dos personas que se timan en realidad lo que están haciéndose es un guiño a la intimidad, engañando quizá a los intrusos que quieren saber qué se dicen pero ensalzando así los misterios del amor, esos enigmas en los que, a veces, sobran las palabras.

TIJA

Tubo de aluminio o acero que en una bicicleta une el cuadro al asiento, para ajustar su altura.

Esta palabra no llegó a mí, yo corrí a buscarla. Fue al terminar una llamada con EcoBici. Mis problemas para describir que estaba averiada la "barra del asiento", "el *coso* que sube y baja para adaptar la altura del sillín" y frases similares sin sentido, acompañadas de gesticulaciones inútiles para mi interlocutor al teléfono, me hicieron lanzarme a internet en cuanto colgué. Se me había roto... la *tija*. ¡La tija! No olvidaré la palabra nunca más.

Tenemos muy claras ciertas partes de la bicicleta. Incluso las de las bicis estáticas. Todos podemos señalar sin titubeos el manubrio, la cadena, los frenos, la válvula, los pedales... Vaya, hasta la horquilla, los platos y los cambios, si me apuras. Así que en tiempos de carriles para bici y gobiernos con espíritu ecológico, es imperdonable no conocer esta palabra que alude a una de las partes más personalizables de un velocípedo. ¿Cuál sería la razón?

Tija nos llega del país de la carrera ciclista más famosa del mundo. El término francés *tige* se usa para nombrar un tallo o una varilla y procede del latín *tibia*, es decir, una pequeña caña. Y eso es: una varilla de metal que se esconde o asoma dentro de un tubo para ajustar la altura del asiento y así no lastimar tus rodillas o espalda. La única pieza que realmente se adapta al jinete urbano, con la que altos y chaparros podemos usar el mismo vehículo sin discriminación, todo un símbolo de democracia. Pero la tija no se nombra, se describe. ¿Será por su fonética? Aunque al manotear para hacerte entender con tu interlocutor tampoco te libras de las comparaciones obscenas. Como sea, es una palabra que no se utiliza, así que yo la reivindico cada vez que pedaleo.

Se me ocurrió investigar al respecto en YouTube. Decidí buscar videos que tuvieran que ver con el asiento y la posición de la tija. Después de varios tutoriales sobre qué tipo de asiento es más conveniente, cómo calcular su altura respecto del piso o qué lesiones nos pueden acechar por no saber acomodarlo, no sólo me hice una candidata a disputar el Giro d'Italia del próximo año (como parte del personal técnico, claro), sino que llegué a la conclusión de que nadie usa *tija* para referirse a la *barra del asiento*, que es como la nombran en todos los que vi. Y no sé si es porque desconocen la palabra o porque creen que si la usan nadie les va a entender. Me quedé con la duda. Pero mi hermano, todo un enamorado del pedaleo y curioso también de los nombres de los objetos, tampoco la conocía. Y para mí es la fuente más esclarecedora que hay.

Le gustó, la anotó y la usa desde entonces. Así que si se pueden hacer esfuerzos para crear una comunidad de ciudadanos conscientes de un transporte menos contaminante y más sano, podríamos aprovechar para que esos ciudadanos usen un vocabulario con el que puedan distinguirse, uno rico y preciso, además. Tendríamos un gran paquete. Tenemos un gran reto.

TAHALÍ

*Tira que se amarra
a los instrumentos
musicales para sostenerlos.*

Voy a confesar algo: cuando estaba en Primaria era miembro de una estudiantina o, como le dicen en España, una tuna.

Ya está, lo dije. Todos los lunes y los miércoles, antes de entrar al colegio, un grupo de alumnos asistíamos a las clases de solfeo y a las de música. La idea era aprender a tocar un instrumento para completar nuestra formación. La música ayuda con la memoria, la coordinación, la concentración, la disciplina y la sensibilidad. Así que ahí estábamos mi hermano y yo madrugando para articular entre bostezos el *do-re-mi-fa-sol* y viendo cómo agarrar la guitarra con esos bracitos de niños que tardaron en crecer.

Mi hermano pronto cambió las cuerdas por el futbol, pero mis amigas iban a esa clase, y no me quería quedar fuera, así que logré que en vez de la guitarra me dieran algo que pudiera agarrar sin parecer el cristo redentor: una bandurria. Después de unos meses ya tocábamos algunas piezas y podíamos considerarnos un grupo musical. O eso pensaron los directores de un asilo de ancianos que nos invitaron a presentarnos una Navidad. No era el Auditorio Nacional, pero los ensayos debían incluir variedad. Teníamos tres canciones que podíamos presumir. Sólo nos faltaban vestuario, accesorios y... nombre.

Nuestras madres se pusieron manos a la obra. Investigaron el atuendo propio de un tunante profesional y empezaron a confeccionarlo. Ahora era el turno del nombre: Amanecer, como nuestra escuela (ya bastante jipi era el nombre como

para inventar otro). Por último, los accesorios: una bandera, atriles para las partituras, cuerdas de repuesto (no imaginan cuántas se rompían en cada presentación) y... el tahalí, necesario para los instrumentos de cuerda. Ahí aprendí la palabra.

El tahalí nació en la España musulmana. Era una palabra árabe que se refería a una caja pequeña donde los soldados guardaban sus reliquias, sus oraciones (hacía referencia a una exclamación de la fe islámica). Pero pronto pasó a denominar también la cinta de cuero con la que los soldados la transportaban colgada al cuello. Años después, ya era cualquier cinta que colgábamos de nuestra espalda con un cabo por el lado frontal derecho y el otro por el posterior izquierdo, de forma cruzada, para sujetar objetos. Sables, por ejemplo. Hoy, que los sables se usan menos, los tahalíes más famosos son los de bajistas y guitarristas.

He salido con un par de músicos. Uno creería que las novias de los músicos son *groupies* en primera fila que beben champaña en los camerinos... Ésas serán las de los Rolling Stones; yo era de las que cargan cables, platillos, amplificadores y tahalíes. Y cada vez que veía uno, esbozaba una sonrisa. Aquella niña con callos en los dedos, que bailaba al ritmo de la pandereta y que soñaba con llegar a los mejores escenarios del mundo, se había ido con la música a otra parte.

SOSIAS

Persona que tiene parecido con otra hasta el punto de poder ser confundida con ella.

Quizá sean sólo gestos, muecas, expresiones o formas de moverse, pero suele ocurrir que alguien te reconoce en otra persona. A mí me ha pasado con varias actrices (agradezco el piropo)... y con Yolanda.

Después de meses de haber dejado aquella oficina, regresé a visitar a mis antiguas compañeras, con las que ahora mantenía una relación laboral vía internet, con siete horas de diferencia y un océano de por medio. Durante mi ausencia había llegado una chica que todos decían que era mi calco. Yo pensé que me extrañaban tanto que querían ver en la nueva a alguien que les hiciera recordarme. Cuando la vi, me quedé helada.

No era como verme al espejo, pero no podía dejar de mirarla. Nos sonrojamos. Era su cabello, pero también su forma de sonreír, su estilo en la vestimenta y hasta la forma de agarrar la pluma. No éramos dos gotas de agua, pero sí habíamos salido del mismo manantial. Había encontrado a mi sosias ahí mismo.

Cada persona supuestamente tiene un sosias en alguna parte del mundo. Y debe de pasar a menudo para que incluso aparezca en el diccionario, sobre todo para disuadir a los demás de que están viendo doble, o para que no pienses que ya estás listo para el manicomio. El fenómeno existe.

Sosias es un personaje de "Anfitrión", una comedia escrita por Plauto en el siglo II a. C. En ella, los dioses Júpiter y Mercurio se hacen pasar por Anfitrión y su esclavo Sosias, respectivamente, para que Júpiter seduzca a la esposa de Anfitrión (ya ven cómo se las gastaban en la mitología griega y cómo les gustaba eso del disfraz, el camuflaje, el engaño, la traición y los castigos eternos). No les cuento el final de la historia, porque qué chiste, pero el caso es que la situación llevó a Molière a adaptarlo siglos después y dejar al personaje como nombre común en el vocabulario.

Como en la comedia de Plauto, no se trata de parecidos de parentesco ("eres el vivo retrato de tu tía Elena"); aquí no hay genes por medio. Son personas que no tienen nada que ver contigo y que poseen rasgos o movimientos semejantes a los tuyos que hacen que la gente establezca un *match* cósmico. Y eso no lo puede ver uno mismo. Los sosias los decretan los demás.

Podría considerarse un doble, incluso podría llegar a confundirte un buen imitador, pero cuando uno se topa con un sosias sin esperarlo se trata de algo más que una feliz coincidencia. Seguro la tecnología ya ha inventado el modo encontrar sosias en una gran base de datos y podrías encontrarlo en este vasto mundo de muchas maneras, pero hacerlo al azar sigue teniendo un encanto que nos sigue fascinando luego de siglos de historia.

SANGRADURA

*Parte hundida del brazo
opuesta al codo.*

La imagen es terrorífica. Estoy sentada en un consultorio médico. Es temprano y llevo muchas horas sin comer. Una enfermera se acerca a mí con una jeringa en la mano. Me pide estirar el brazo hacia arriba y empieza a analizarme la parte interna del codo. "Qué sangradura más clara tienes", dice. No sé muy bien qué sigue después porque, para variar, se me baja la presión y me desmayo en una más de mis típicas escenas en los centros médicos, donde, vaya a lo que vaya, termino en una camilla tumbada y con varias personas alrededor abanicándome y poniéndome un algodón inundado de alcohol bajo la nariz.

Siempre aviso antes de que me pueda pasar, pero siempre me miran con cara de "No exageres, conmigo no te pasará nada". Luego me miran con cara de "Ay, madre, que abra los ojos antes de que se abra la cabeza".

Cuando por fin recobro la conciencia y el color de la cara, me vuelvo a quedar sola con la misma enfermera, que ahora se afana en ponerme un curita para impedir que pierda más sangre que la que se aloja ya en los dos tubitos que acaba de etiquetar en la mesa.

"¿Por eso se llamará *sangradura*, porque es ahí donde te sacan sangre?", retoma la conversación sin percatarse de que hablar del liquidito rojo fue lo que me mandó al soponcio hace un rato. Como técnica de distracción no está funcionando. "Me gusta más *sangradura* que *sangría*", sigue su reflexión. "Los médicos le dicen *fosa cubital* o *flexura del codo*. A mí me parece muy bien que tenga un nombre común. El codo es el codo. La sangradura es la sangradura".

Lo único que se me ocurre hacer en ese instante con la dichosa sangradura es tocarla con la otra mano y doblar el brazo. Así, como si estuviera a punto de bailar la Macarena. Sí, también puede parecer una señal muy soez, pero Drácula me acaba de chupar las venas y no estoy en mi mejor momento, se vale. Al fin que *sangre* también se refiere al carácter de una persona, y no me importa mostrar el mío.

Minutos atrás me medían la presión con un estetoscopio justo en esta parte, donde las venas se acercan a la superficie, donde dudas de tu linaje al ver su color azul. Qué investidura, la sangradura.

Me resulta llamativo que siempre supe del nombre de la corva y no de la sangradura. ¿Qué tienen las rodillas que no tengan los codos? La corva es la parte opuesta de la rodilla y se ve menos que la parte opuesta del codo y, que yo sepa, no se usa para nada en especial. Se trata de pliegues, de partes donde se doblan extremidades. Repasé mi anatomía en busca de más pliegues, más nombres desconocidos.

"Listo, ya terminamos, ya te puedes ir". No sé si fue prueba superada pero al menos ya puedo irme a desayunar y reponer fuerzas. ¿Será muy temprano para una *sangría*? Lo digo por la *salud*.

SAMUELEAR

Tratar de ver furtivamente o con disimulo un hombre las partes sexuales o muslos de una mujer.

Si te llamas Samuel, de antemano te ofrezco una disculpa. No lo tomes personal. Entenderé si no quieres seguir leyendo (aunque quizá lo hagas por curiosidad). Porque de eso se trata, de curiosidad. La de todos los seres humanos, seducidos por el sexo contrario. Por el sexo. Y ese interés da lugar incluso a palabras para definirlo. Ésta se basa en la mirada masculina al cuerpo femenino. La que hizo inmortal a cierto Samuel, convertido en emblema de cualquier persona, en cualquier lugar, de cualquier época. Pero así son las etimologías populares, nacidas del boca a boca, de las imprecisiones, de la falta de registro y de la costumbre urbana, la leyenda. Porque Samuel podía haberse llamado de otra forma, pero este aldeano fue el que bautizó una práctica que ejercía con regularidad y que le hizo famoso en su pueblo. Quizá su descaro lo delató pero le hizo ganarse un lugar directo en el diccionario.

De alguna forma la sociedad ha asimilado algunas miradas molestas sin demasiada censura, como la del hombre al escote femenino. Incómoda, pero frecuente y supuestamente fácil de disimular. Porque aunque resulte evidente suele camuflarse con la mirada a otra parte aledaña y, por lo tanto, es más sencilla de defender. Aunque es difícil si la retina se encuentra a pocos centímetros del busto. Los osados varones creen que pueden hacer creíble la confusión del ángulo visual: los ojos están a 90 grados; el escote, como a 110. En serio, no sirve, dejen de intentarlo.

Con el otro punto álgido de la fisionomía femenina, por lo general, se suelen frenar un poco más, al menos en las distancias cortas. El ángulo de 150 grados de inclinación sería imposible de justificar. Así que esperan a estar más alejados para apuntar a la entrepierna mujeril sin ser descubiertos. Quizá por eso tenga nombre. Uno de un anónimo que pasó a la historia por ser un acosador nato de los muslos y las partes pudendas de las muchachas.

No está bien visto samuelear pero si te atreves a hacerlo, al menos sabes cómo llamarlo.

Estas palabras nacidas en el habla folclórica toman un nombre propio como genérico y con él crean un nombre común, una expresión o un dicho que pasa al imaginario colectivo. *Samuelear* es un renglón más en una lista donde aparecen también *marialuisa, tiovivo* y *perogrullada,* así como *óscar,* el de los premios; *juanete; verónica; pepito,* el de los chistes; Ambrosio con su carabina; Pedro, el que se pasea como por su casa; María, la del baño en un recipiente hirviendo, y el cuarteto formado por fulano, zutano, mengano y perengano. Nadie sabe quiénes son pero los nombramos a diario en una especie de homenaje a todos aquellos que usan y enriquecen el idioma con sus ocurrencias, sus hazañas o sus comportamientos, ya sean loables o deleznables. El léxico no juzga pero sí define. Aunque algunos de esos comportamientos tengan que ver con miradas furtivas, molestas o se hagan con el rabillo. Mucho ojo.

RAPACEJO

Fleco liso, como los que lleva el rebozo.

Septiembre. Mes patrio. El mundo en tricolor. El chile en nogada. Las banderas en los edificios. El zócalo de gala. El grito. Los gritos. El pozole. Los collares verde-blanco-rojo. El tequila. Cena familiar. Fiesta con los amigos. Canciones. José Alfredo Jiménez. José José. Juan Gabriel... Ya entrada la noche, Cri-Cri. Sí, los caminos de la algarabía septembrina son impredecibles:

La patita,
de canasta y con rebozo de bolita,
va al mercado
a comprar todas las cosas
del mandado.
Se va meneando al caminar
como los barcos en altamar.

Y entonces todos se paran, se transforman y menean el rebozo. El rebozo es imprescindible para "salir al escenario" y cantar a todo pulmón los referentes de la identidad nacional. Esta prenda tan nuestra, tan cómoda, tan práctica, tan lucidora, tan presumida y presumible, tan variada, tan genial. Como dijo el Dr. Atl, "la prenda mexicana por excelencia", y los que habitamos esta tierra no perdemos oportunidad para reforzar esta idea. Nos tapamos, nos protegemos del sol, portamos niños, nos abrigamos... el rebozo es protectora y resplandeciente compañía.

Una vez acudí a la feria del rebozo, que se celebra, sí, en septiembre. Ejemplares de todos los rincones de México. Cada vez que querían mostrarme uno lo extendían como quien enarbola una bandera. Y al recoger la pieza, con suma elegancia, plegaban la tela, ordenaban los rapacejos, como quien compone un flequillo despeinado por el viento. Han sido educados por bastidores, acicalados por bastones y espadas, han sentido las cosquillas de las varillas, bailado al son de los pedales, de la mano de los arneses... El rapacejo sabe cómo comportarse para hacer quedar bien al rebozo. Aletea jovial cuando sopla el viento, resiste invencible los embates del enredo. Esos miles de hilos se abrazan y juguetean cuando se guardan pero siempre están listos para volver a ser aireados. Volverán a volar.

La noche avanza. Los tragos, también. La atmósfera se va tornando nostálgica, melancólica. Las canciones adquieren un ritmo afligido y una temática pesarosa. Los bailes y risas dan paso al sentimiento, la soledad. Cada quien sigue cantando apasionado, ya en sus asientos. El rebozo ahora enjuga las lágrimas. Los rapacejos han vuelto a tomar el mando; ahora están firmes, son los encargados de sostener el llanto, el alma. Ya descansarán después, cuando sea la hora de su recreo. Por lo pronto son guardianes, son compañía.

Tapáme con tu rebozo, llorona,
porque me muero de frío.
Tapáme con tu rebozo, llorona,
porque me muero de frío.

PORTAÑUELA

Tira de tela con que se tapa la braqueta de los calzones o pantalones.

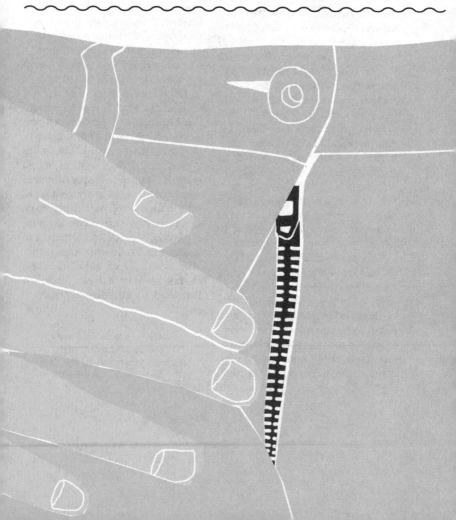

¿Quién no ha soñado alguna vez que está desnudo en la calle y no tiene con qué taparse? No sé qué explicación le daría Freud a esto, pero sí me ha pasado. Y sale uno de la cama sintiéndose fatal. Supongo que tiene que ver con la fragilidad o con sentirse vulnerable ante una situación determinada. Lo bueno es que despiertas y la taquicardia pasa, te abrazas a tu almohada, acaricias tu piyama con alivio y te aseguras de ponerte todas las prendas de vestir que haya en tu clóset antes de salir de tu habitación.

Pero hay pesadillas que ocurren con los ojos abiertos y que también tienen que ver con ropa. De ésas también tengo varias experiencias. Una vez tuve una presentación en un foro grande y después de toda una mañana de conferencias y comentarios sobre un escenario, al llegar a mi cuarto y verme en el espejo me di cuenta de que había olvidado bajarme el forro de aquel vestido monísimo y *transparentoso* después de ir al baño... Imaginen la cara que se me quedó al imaginar los comentarios de los ilustres asistentes. Espero no volver a ver jamás a ninguno...

Otro atuendo que puede hacerte pasar la peor de las penas son los pantalones. Que levante la mano el que no haya salido a la calle con la bragueta abierta. "¿Eres poeta? ¡Pues súbete la bragueta!", decíamos de niños en son de burla. Botones o cremallera, ningún artilugio de cierre ha sido capaz de evitar semejante descuido. En realidad no deja ver nada, pues debajo suele haber un calzón, pero por algún caprichoso motivo nos provoca risa o vergüenza, según en qué lado de la historia te toque. La gran protagonista de este desliz, sin embargo, es una pieza siempre presente y nunca suficientemente nombrada: la portañuela.

El diccionario sitúa su origen en el diminutivo de *puerta* (más gráfico, imposible), pues el sufijo –*uelo, la* (*pañuelo, copichuela, riachuelo, escritorzuelo*) otorga un valor diminutivo o despectivo, según el caso, que en esta palabra puede resultar ambos. Puerta al bochorno, a la curiosidad, a la burla, y a todo un camino de anécdotas que contar durante un tiempo.

Cabe mencionar que la portañuela no se limita únicamente a la bragueta, pues existen portañuelas también en los puños de la camisa, y en algunos países hispanohablantes se designa con este nombre un tipo de puerta de coches o carruajes.

Quizá esa virgulilla en *portañuela* represente la sonrisa de quien se da cuenta de que el cierre travieso no cumplió su cometido, y entonces vendrá un momento de risas. Y en estos tiempos las risas son la puerta grande a la felicidad. Y se vale que ésa siempre esté abierta.

PLAYO

Plástico delgado y adherente que se usa para envolver objetos, bultos o cajas.

Cuando me preguntan dónde se puede aprender nuevo vocabulario siempre contesto que en los libros. Son una gran fuente de aprendizaje, sin duda. Pero hay muchos más espacios en los que basta poner atención para darnos cuenta de que las palabras nuevas se esconden hasta en los rincones más insospechados.

Así me pasó a mí con el temblor del 19S. Me trajo muchas sorpresas, casi todas dolorosas y traumáticas, pero también muestras de solidaridad, cariño y apoyo de gente cercana y desconocida. Lo que nunca imaginé fue que también me traería nuevo léxico. Las palabras del desastre, podría decirse. O del rescate. O de la nueva etapa.

Conocí un montón de gremios que ni sabía que existían, como *calculista,* que más que calcular, proyecta, planea proyectos, los diseña, los facilita, o *estructurista,* el ingeniero que revisa una estructura, entendida como el conjunto de las partes importantes de un edificio (cada vez que alguien lo confundía con *estructuralista* moría de risa, como si Saussure o el mismísimo Lévi-Strauss fueran a hacer la evaluación). También conocí elementos que se volvieron indispensables en mi supervivencia y mi conversación, como el polín, al que yo llamaba toscamente *madero,* y que resultó cómplice inseparable de cansadas subidas y estresantes bajadas a un sexto piso en inminente derrumbe. Se ponían puntales a la construcción, se apuntalaba el futuro y se ponían de punta los nervios y la certidumbre. Pero la palabra precisa era *polín,* fuera de madera o de metal, y de él nos agarrábamos para dar pasos firmes.

Pero se me quedó el ojo cuadrado al escuchar: "Les dejamos un playo por departamento para que emplayen lo indispensable en el menor tiempo posible". Ahí a la que se le quebró la estructura fue a mí. Yo trataba de pensar en las cosas indispensables y Protección Civil me recordaba el biquini y la toalla. Mi conocimiento terminológico hizo agua.

Cuando vi descargar los primeros rollos de plástico confieso que me desconcerté. Mi intriga se fue desvaneciendo cuando, cada vecino recibía uno de esos cilindros brillantes y pegajosos.

Poco ha de tener que ver con el adjetivo *plano* o con el verbo *playar,* que en algunas regiones se refiere a la diversión que se origina en la playa.

Ni diversión, ni llaneza. Un auténtico rollazo fue aquello. Aquellos doscientos metros de plástico resultaron insuficientes para proteger (*emplayar,* porque hasta tiene verbo) los pocos muebles que habían quedado en pie en ese maltrecho departamento en los escasos cuarenta minutos de los que disponíamos, pero como todo tiene un lado bueno, toda la operación se hizo de forma transparente y en mi vocabulario quedó adherida una palabra que nunca olvidaría. Y eso sí es profundo.

PETRICOR

*Olor que produce la lluvia
al caer sobre tierra seca.*

Probablemente ésta haya sido una de las mayores sorpresas lingüísticas que he tenido en mi vida. Y también una decepción. Rebobinemos un poco antes de empezar.

Pasé mi juventud en Madrid, donde no llueve mucho, así que cada vez que caen cuatro gotas nos ponemos muy contentos. Cuando esas cuatro gotas se convierten en cuarenta, nos empezamos a quejar, y cuando llegamos a las cuatrocientas, la ciudad se vuelve inhabitable (la gente corre por la calle, los coches chocan, la tierra se hace lodazal, los paraguas sacan los ojos de los transeúntes, nadie encuentra sus botas y la tormenta monopoliza todas las conversaciones de la capital). Pero como es algo poco común, no es grave.

Volviendo a las cuatro gotas, las que se festejan, ésas son recibidas con regocijo y agradecimiento. No habrá que regar las plantas ese día. Incrédulos, los habitantes se asoman a comprobar lo que su olfato les adelantó: está lloviendo. Y es que hay algo de placentero en ese olor que anuncia la llegada del agua. Y si vives en el campo, la sonrisa se convierte en fiesta. Las flores abren sus brazos, el pasto se contonea al ritmo de la música pluvial y los animales sacan su repertorio para avisar, quejarse o celebrar en un coro improvisado que se hace melodía. Cual círculo de la vida del Rey León. Al menos así me lo imagino, porque casi siempre me toca correr a resguardarme.

Mi asombro lingüístico sucedió al conocer que aquel olor tan agradable no sólo tenía nombre sino que la responsable de tal aroma era una bacteria. ¡¡¡Una bacteria!!!

El término *petricor* fue creado por unos geólogos australianos que estudiaron este efluvio hasta dar con la fórmula. El cuento corto —y sencillo— es así: en los terrenos rocosos donde escasea la lluvia, las primeras gotas liberan unos aceites depositados por las plantas y absorbidos por la piedra. Al expandirse por el aire se mezclan con otros compuestos también liberados por el agua recién caída, como la geosmina (derivado de ciertas bacterias) y a veces el ozono contenido en la atmósfera, lo que en un proceso veloz provoca ese olor tan característico. Al ser una superficie rocosa donde se origina esta mezcla, los ingleses tomaron la raíz griega *pétros*, que significa *piedra*, añadieron *ikhôr*, que era el nombre que le daban en la mitología griega a la esencia que corría por las venas de los dioses y se formó la actual *petricor. Voilà!*

Para muchos animales este olor es una guía para encontrar agua en el desierto o una señal para detectar el momento en que algunas especies deben cambiar algo en su ciclo vital, pero en lo personal reconozco que la siguiente vez que olí esa lluvia después de conocer el origen no pude evitar taparme la nariz pensando que respiraba una bacteria. Luego pensé que llevaba años haciéndolo sin consecuencias graves y que seguía pareciéndome irresistible, así que volví a disfrutar de tremendo perfume. A fin de cuentas, ¿qué hay de malo en inhalar profundamente y llenarme de vida los pulmones?

PEDICOJ

Salto dado con un solo pie.

Hay muchas maneras de llegar a una palabra desconocida que terminas metiendo en tu vocabulario. Algunos de esos caminos resultan muy divertidos, como fue el caso de ésta, que descubrí en una especie de reto que me pusieron en Twitter. Acepté como si se tratara de un desafío personal.

Un día me preguntaron cuántas palabras terminadas en *j* conocía en español y una búsqueda en Google me sacó del aprieto. Había unas pocas conocidas, como *reloj, contrarreloj, sij* y *carcaj*, pero ni siquiera sabía que existían otras, como *troj, boj, alioj, maniblaj* o *cambuj*, que parecían llegadas de otros idiomas. Agradecí que me llevaran a nuevos conceptos (incluso a nuevos insultos). La familia de las terminadas en *j* no es extensa, así que merecía la pena viajar un rato por sus historias. Quizá por falta de uso uno no las retiene. Pero hubo una que sí. Tímida entre todas ellas encontré una que podría usar con más frecuencia. Mi gran hallazgo en este ejercicio fue *pedicoj*. ¿Tan inusual es saltar con un solo pie?

Para definir tal acción, muchos solemos decir *saltar a la pata coja*, que en realidad equivale a desglosar los términos que la componen: *pie + cojo = pedicoj*. Curiosa decisión de eliminar la última vocal, quizá para evitar malentendidos o interpretaciones de otro tipo. Objetivo que no sé si se consigue...

Me puse a cavilar en qué situaciones usaría esta palabra; es decir, cuándo se salta a la pata coja, cuándo se da o se hace un pedicoj.

Automáticamente pensé en el juego del avión, que todos conocemos, aunque a veces por otros nombres: *rayuela, mariola, cascayu, tejo, infernáculo, pachocle, peletre, cirimoño, truquemé, tangara, pisao, bebeleche, chácara*... En cualquiera de sus ortografías el juego implica practicar el pedicoj para llegar al final.

También pensé en los *pedicojes* (el plural también es una joya: ahí parece que *pedi-* tiene que ver más con *pedir* que con *pie*) que hacen los atletas en el triple salto de longitud, pues aunque caigan con las dos piernas en la arena, en realidad su primer salto se realiza con una sola. Muchos deportistas incluyen en su entrenamiento horas de salto con la cuerda y la usan de diferentes maneras. He visto a boxeadores brincando con una sola pierna, supongo que se ejercita mejor así, con pedicojes.

Por último, traje a mi memoria esas competencias que hacen en días de campo, en las que unos participantes muy risueños y fuertes concursan en carreras de sacos, maratones de cerveza, carga de parejas a alta velocidad y un sinfín de ideas descabelladas que, en el fondo, nos hacen muy felices. Seguro en uno de estos torneos hay una prueba de pedicoj.

El hallazgo me pareció tan divertido que ahora quiero trasladarme así en mi casa; además de cardio, que nunca viene mal, ir de la sala a la cocina en pedicoj es un pequeño paso para mi humanidad, pero un gran salto para mi vocabulario.

PEDANTE

Maestro que enseñaba gramática a los niños yendo a sus casas.

En 1982 yo vivía en Amberes, en el norte de Bélgica. A mi padre le habían ofrecido un trabajo de dos años allá y la familia empacó para mudarse a Amerikalei 220, para emprender una nueva aventura. Aventura que inició a -22°C en un Ford Fiesta verde cargado hasta el tope de ilusiones y expectativas (los muebles y los juguetes vendrían en un camión más grande).

Mis padres nos inscribieron a mi hermano y a mí en el Liceo Marie Joseph, donde aprenderíamos francés, donde haríamos todo en francés. Mi madre temía que no entendiéramos nada, pero para su asombro, el primer día llegamos explicándole lo que habíamos hecho en una nueva lengua, mezcla de nuestro español, el nuevo francés y un flamenco inesperado (el idioma más popular en el barrio). Mi madre, apanicada después de batallar la primera semana en el mercado, en las juntas escolares y en las vecinales, corrió a tomar clases nocturnas de la lengua gala para poderse comunicar hasta con sus hijos.

No recuerdo el proceso, pero sí recuerdo a dos hermanos mexicanos que se sentaron junto a mí en cuanto me vieron y me fueron traduciendo todo lo que decía la maestra. Los niños se adaptan a todo. Para Navidad ya tenía el papel principal en la obra de teatro de la escuela, ante la mirada atónita de mis padres, que aplaudían sin saber muy bien qué decía su hija.

Aprendí a leer en francés antes que en español. Eso alegraba mucho a mi padre y preocupaba a mi madre, que pensaba en el momento de regresar a España. Estudió métodos docentes y preparó todo un espectáculo lúdico para enseñarnos a leer en español en casa. La cocina se llenó de cartulinas con dibujos y sílabas. Y así se fueron intercalando el *Comment allez-vous?* con el *Tengo un paraguas en el armario* (a mi madre le debió parecer muy narcisista el *Mi mamá me mima*). Entre mi madre y María Montessori, mi hermano y yo mantuvimos el ritmo de dos países y nos divertimos como locos en la escuela y en casa.

Antes era usual que los niños no fueran a la escuela; algunas familias pagaban maestros a domicilio para que les dieran lecciones de gramática a los infantes. Esos maestros se llamaban *pedantes* (no tan escondida la raíz griega *paidós*, para referirse a los niños, de la que heredamos la conocida *pedagogía*, aunque otros aseguran que viene de *pes*, hijo), y el brinco para usarla contra alguien engreído y sabiondo derivó quizá de los estrictos exámenes a los que eran sometidos esos aspirantes a educadores, que los hacían muy pretenciosos y redichos.

Mi madre, lejos de ser pedante, resultó ser una maestra divertida y muy inspiradora, y lo único que presumía eran frases elementales en flamenco, que nosotros pronunciábamos con una peineta bien puesta. ¡Y olé!

PAREIDOLIA

Fenómeno psicológico por el que se reconocen patrones significativos, como caras o figuras familiares en donde no las hay.

Heredé muchas cosas de mi tía Pili. Ella era la encargada de organizar los juegos en las tardes de verano que pasábamos en nuestra casita de campo. Solía tumbarnos en el pasto para observar el cielo y jugar a formar figuras con las nubes. Cómo se reía con nuestras ocurrencias.

Sigo jugando a lo mismo, sobre todo cuando viajo en avión. Me hace sentirme más cerca de ella, porque seguramente volando lo estoy. Ahora con las redes sociales el juego de reconocer figuras en objetos ambiguos se comparte de muchas otras formas y en muchas otras dimensiones. Una de ellas son las fotos de Instagram. Me encanta, por ejemplo, el *hashtag* #VeoCaras o #ISeeFaces. Se trata de subir fotos en las que objetos tomados al azar te hacen ver rostros en lugares inesperados. Agujeros casuales en una pared, tuercas en máquinas que asemejan unos ojos, manijas que parecen bocas sonrientes, botones que se convierten en nariz... La variedad es tan grande como la imaginación. Y en uno de esos hashtags que la gente añade para alcanzar a más usuarios me topé con #pareidolia cuya etimología deja al descubierto el sufijo *para- (junto a, semejante)* y la raíz *eidôlon (con aspecto de, apariencia, imagen)*, para formar unidos *que representa algo adjunto, externo a otra cosa, que nada tiene que ver con ello*. Y así bauticé el juego de las nubes de mi tía Pili.

Esta especie de engaño de la vista y la imaginación ha llevado a generar auténticos centros turísticos para ver formaciones humanas en rocas y montañas (ni qué decir de la mujer dormida o del conejo en la Luna...), pero me asombra que el juego tenga un lugar en la psiquiatría y sea considerado alucinación visual. Ahora bien, siendo estrictos con la palabra también puede haber pareidolia acústica, al creer escuchar una frase que no existe en un ruido sin palabras o al forzarla en idiomas distintos. (¿Se acuerdan del *Uruapan mexican loqui* que haría brincar de susto a los mismísimos Daft Punk?)

En la cuenta de mi amiga Paola (@paolagmadrigal) amo seguir el hashtag #corazoning, donde la genial actriz reconoce corazones que se va encontrando al caminar en su día a día en hojas, piedras, cortezas de árbol, marcas de vasos en la mesa, espuma de café y unos tantos etcéteras. Una pareidólica profesional.

Ilusiones, juegos o lo que sea que avive la imaginación, sirva para compartir sonrisas y construya recuerdos de por vida, bien merece una palabra y un momento de andar en las nubes para reflexionar sobre ella.

PAPARRUCHA

Noticia falsa que se esparce entre la población.

Una de las últimas palabras incorporadas a mi vocabulario. Llegó por Twitter, ese gran campo fértil, campo de batalla, campo magnético, campo semántico. Porque en la red es donde más se comparten ahora las palabras. Antes eran los expertos, los académicos y eruditos los que se reunían para inventar una palabra que designara un nuevo concepto. Tomaban un cachito de raíz griega, una pizca de sufijos latinos, un puñado de prefijos árabes y ¡listo! Una palabra nueva había salido del horno para ser usada.

Los tiempos han cambiado. Las velocidades, también. Ahora los hablantes somos más dueños del idioma que nunca y si una palabra, por muy académica y culta que sea, no nos gusta, no habrá poder lingüístico que la imponga (que nos lo digan a los chilangos a la hora de hablar de nuestro gentilicio).

Basta que alguien invente una palabra, guste y se difunda por los rincones del universo virtual para que pase a formar parte del vocabulario popular, el callejero, el que termina registrado en los diccionarios, el que evoluciona. Quizá no limpie, fije ni dé esplendor, pero lo hace vivo, le da dimensión, le otorga inmortalidad.

Y por ese medio me llegó *paparrucha*, que enseguida me intrigó. Su terminación *-ucha* le confería un cariz despectivo, su raíz fluctuaba entre el paternalismo y la huerta. Alguien tuiteó su definición para demostrar que no tenemos que usar palabras de otros idiomas si tenemos propias para decir lo mismo.

Ahora que cierto presidente ha puesto de moda términos como *fake news* y *posverdad*, hemos adoptado estas expresiones como si no hubiera equivalentes, pero resulta que en español ya teníamos una palabra para esos conceptos: *paparrucha*, un genial vocablo. Y una fantástica etimología. Partamos de su infancia.

En latín, *pappa* era la palabra con la que los niños se referían a la comida (en Chile, *papa* significa *biberón*, y en España, *papear* es el coloquialismo para *comer*). De ahí derivó *papa* (nada que ver con el tubérculo ni con el sumo pontífice), usada para definir una tontería o una simpleza. Y después brincó a *páparo*, una esdrújula hermosa que define algo menos hermoso: *aldeano u hombre de campo, simple e ignorante, que se asombra con cualquier simpleza*. Ése fue el puente para terminar en nuestra *paparrucha*, que tiene dos significados relacionados: uno se refiere a una tontería, estupidez, cosa insustancial, y el otro, a una noticia falsa o desatinada sobre un hecho. Éste serviría para sustituir *fake news*, un problema que ha convertido la red en un gran campo minado. Las paparruchas han hecho de internet un medio sospechoso y un blanco perfecto para intenciones manipuladoras, a pesar de que las noticias deliberadamente falsas existen desde tiempos inmemoriales.

Y para darnos cuenta de eso, no necesitamos ni líderes del mundo que lo acusen por las redes sociales ni palabras extranjeras que lo definan. Necesitamos, más bien, inventar palabras que combatan las paparruchas.

OXEAR

*Espantar o ahuyentar
a las aves domésticas
o a algunos insectos.*

Llevo rato observando la plaza. Finjo estar tranquila, leyendo en una banca. Mi mirada se esconde entre el ala de mi sombrero y las hojas del periódico que sostengo con aire interesado. Pero en realidad mi interés se encuentra a unos metros.

Delante de la catedral todo parece apacible. Una pareja camina de la mano, a paso lento, sonriendo embobados. Una joven habla por teléfono animadamente, pero no se alcanza a entender qué dice. Un niño se esfuerza por avanzar en su triciclo sin rumbo fijo. Un muchacho dibuja en su cuaderno tratando de imitar los chorros y la escultura de la fuente. Un anciano saca del bolsillo un envoltorio del que extrae migas de pan que esparce sobre el empedrado para atraer a las palomas que bajan raudas desde el campanario para llevarse su parte del botín. Palomas. Representación de la armonía, la pureza y la sencillez. ¿Cómo demonios este bicho ruidoso, contaminante e invasor llegó a convertirse en símbolo de la paz? ¡Por cada mil millones de grises encuentras una blanca, jamás se ven con una rama de olivo en el pico, son una amenaza para monumentos y portan enfermedades peligrosas! Mi enojo crece sin mesura según voy repasando el currículum de este peligro alado. Repentinamente y como poseída por una fuerza sobrenatural empiezo a correr en dirección al anciano. Mis zancadas son cada vez mayores, parezco volar. Al acercarme a él me detengo en seco. Cambio mis movimientos y los hago ahora suaves, silenciosos. Cuando me siento imperceptible y rodeada de todas las palomas que están muy entretenidas con la hora de su almuerzo y ajenas a mis maniobras, inesperadamente estallo en una especie de euforia que incluye sacudida brusca de brazos y piernas, gruñidos, berridos y, para terminar, una carcajada llena de satisfacción. Volví a hacerlo. Sólo me faltó gritar. Todo el mundo se me quedó mirando atónito, pero en el fondo sé que a todos les gustaría estar en mi lugar.

Yo oxeo. Tú oxeas. Él o ella oxea... Todos oxeamos. Porque de vez en cuando hay que sacar a pasear a ese monstruito que todos llevamos dentro. El acto me parece inofensivo. Aunque no sé qué pensarán los oxeados, porque nuestras motivaciones suelen ser variadas. Uno puede oxear palomas por placer; gallinas, por necesidad; moscas, por molestas; colibríes, sin querer, y gaviotas, por supervivencia.

Y para ello existe una palabra que viene de una onomatopeya (*ox*, interjección ya en desuso). Una sola *b* transformaría este juego en un combate. Y es que las palabras nos sirven para jugar con las aves o con ellas mismas.

ONICOFAGIA

Comerse las uñas
por nervios.

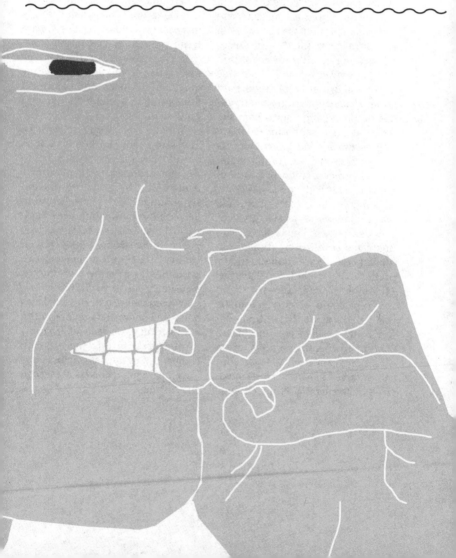

Se llamaba Mamen, que es como les dicen en España a las bautizadas como María del Carmen, y fue mi primera profesora. Con dos años recién cumplidos empecé la guardería y ella se ocupaba de nosotros ocho horas cada día. Nos entretenía con canciones, nos recitaba poemas de Gloria Fuertes, nos enseñaba a nombrar y diferenciar los colores, los números y a colgar los abrigos en las perchas. Jugábamos en la arena del patio, nos subíamos en los árboles de la parte trasera y hasta plantamos unas arizónicas pequeñitas que ahora miden metros y metros de altura y tapan frondosamente el muro lateral de la escuela Parque Lisboa.

A los dos años recuerdas poco de lo que haces, pero cualquier detalle deja huella. Mamen fue una de esas maestras que sigo recordando hoy. Por cómo olía, por cómo se vestía y por algo insólito que todavía no termino de creer. Mi primera profesora nos enseñó de todo, incluso a mordernos las uñas. A aquella señora delgada, con lentes grandes y de cristal grueso, que siempre vestía falda de pana hasta debajo de las rodillas, le pareció buena idea que incluyéramos la onicofagia en nuestro currículum vitae. Yo la quise mucho y le agradezco muchas cosas, pero ¿eso? No, Mamen, eso no se vale.

Recuerdo perfecto aquella mañana. Estábamos todos sentados a su alrededor. Ella en su silla, como siempre que nos leía cuentos; nosotros, en el piso, sobre colchonetas, desordenados y revoltosos. Como aquel día llovía, no podíamos salir al jardín. Así que la profe tuvo que sacar su repertorio creativo de emergencia para mantenernos distraídos hasta la hora de salida. Se ve que ese día no estaba muy ingeniosa porque se aventó un no muy didáctico "Hoy, mis niños, les voy a enseñar a morderse las uñas". Y así, como si se tratara de una clase de macramé, minuciosa y delicada, o la teoría de la relatividad, compleja y laboriosa, nos dio las instrucciones hasta lograr su cometido. Nadie llegó con una uña viva a casa.

El sufijo –*fagia*, presente en varias palabras, que no son muchas ni muy agradables, designa la acción de comer o tragar; por *suerte* yo sólo *aprendí* a morderme las uñas pero no llegué a comérmelas. Supongo que la maestra Mamen me habría reprobado. Aunque a ella tampoco le habría ido muy bien con la Secretaría de Educación...

Tardé mucho en contarle ese episodio a mi madre. Quizá no lo encontré importante en ese momento, a pesar del regaño que me llevé. No sé si Mamen aún viva, pero si lo que buscaba era ser recordada, al menos con ese grupo de niños lo logró. Nuestras manos y una palabra tan fea como la costumbre me remiten a ella constantemente. Espero que mis compañeros fueran menos aplicados que yo en la escuela y hayan olvidado esa lección. En este caso, se vale la desobediencia.

OBLITO

Cuerpo extraño olvidado en el interior de un paciente durante una intervención quirúrgica.

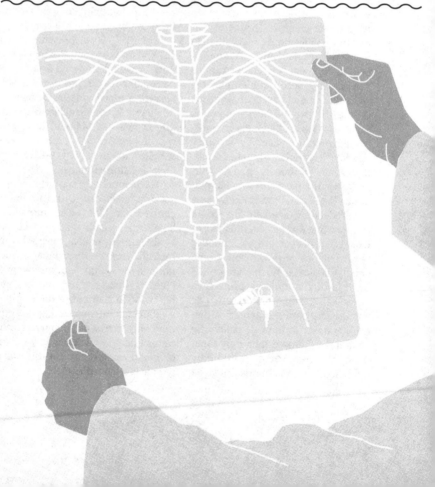

Nunca me han operado de nada... hasta ahora. Pero tengo un par de pesadillas recurrentes al respecto: la primera es no despertar de la anestesia; la segunda es despertar y que después alguien se dé cuenta de que dejaron las tijeras, el bisturí o el reloj del cirujano en el interior de mi cuerpo.

Aunque *hipocondría* podría ser mi segundo nombre, no exagero. Hablando un día con un primo, que es anestesista, me dijo al contarle mi preocupación: "Eso pasa a menudo, mucho más de lo que uno se imagina. Hasta tiene nombre: *oblito*". Quedé paralizada. Cuando a los hipocondriacos nos llegan a dar la razón, sentimos una especie de satisfacción mezclada con pánico. Una nueva palabra y un nuevo miedo. *Oblito* había llegado para quedarse en mi cajón de angustias.

Oblito es una palabra con la que se designa todo aquello que se queda dentro de un paciente tras una operación sin que esté planeado (el marcapasos, por ejemplo, no es algo que se queda, sino el motivo de la operación). La palabra viene del latín *oblitum* (algo olvidado). Me llama la atención que se hable de "algo olvidado", como si se tratara de las llaves de casa, la contraseña de tu cuenta de Facebook (que no cambias ni tecleas desde que la creaste) o la fecha para pagar el recibo de teléfono a tiempo. Ésos son olvidos. Dejar una gasa llena de sangre dentro del abdomen de un paciente anestesiado es... un *serio* descuido. Pero pasa.

No entraré en detalles, pero parece que la estadística es bastante alta, y en un artículo que leí al respecto (una hipocondriaca profesional se prepara con investigaciones antes de expandir la alarma por el mundo), me enteré de que los objetos más olvidados suelen ser compresas, instrumental (ahí mis tijeras) y pinzas. Como para pasar por un detector de metales...

No es por justificar a nadie, pero muchas veces esas cirugías no estaban programadas, revisten urgencia y surgen muy rápido; o hay cambio de personal médico durante el procedimiento; o llevan mucho tiempo en la sala de operaciones y el cansancio es inevitable; o la complejidad del proceso hace que muchos equipos estén involucrados y todos estén pendientes de muchas cosas menos de dónde quedó el bisturí; o simplemente no se ve nada (puede haber tanta sangre que el termómetro se perdió en el, éste sí, vitalísimo líquido); o es necesario cerrar con urgencia... O hubo negligencia y punto. Como sea, alguien debió hacer el recuento de los *paños* antes de empezar con los puntos de sutura.

¿Cómo se puede olvidar algo tan vistoso en un momento así y frente a tantas personas perfectamente concentradas? Pues se olvida. Y si uno va al diccionario encuentra que *olvido* se define como "descuido de algo que se debía tener presente". Presente que afecta al futuro, porque seguro tienen que volver a operarte para sacarte el dichoso oblito, que a partir de entonces nunca olvidarás.

Quiero vivir muchos años, así que es sensato pensar que en algún momento me veré bajo la lámpara reflectora. Pueden apostar a que antes de caer dormida me aseguraré de dejarles claro a los doctores que no quiero llevarme ningún *recuerdito*.

NÚBIL

Que está en edad de contraer matrimonio.

Fue como haber entrado en una máquina del tiempo. Cuando llegué, alguien me saludó: "Hola, señorita, bienvenida", y una hora después, la misma persona me despidió con un "Felicidades, señora, que les vaya muy bien". Yo estaba muy ocupada toreando granos de arroz y flashes de fotos pero me quedé mirándola sorprendida de que fuera a mí a quien se dirigía. ¿Qué había cambiado en ese lapso para que cambiara el tono? Un anillo en el dedo y una firma en un acta de matrimonio. Yo era la misma pero mi estado civil, no, y eso parecía lingüísticamente muy relevante en ese momento.

Siempre había pensado que el tratamiento de *señora* respondía más a un tema de edad y respeto a las canas que a una condición social que importa más en las declaraciones de hacienda y trámites bancarios que en el día a día. Me equivoqué. Creía superadas las épocas en las que las mujeres tenían como meta en la vida casarse, y el triunfo de las familias era "casarla bien", pero el vocabulario seguía teniendo algunos remanentes de esta disposición patriarcal.

Un ejemplo de esto es la palabra *núbil*. Empecemos por la definición, que no es culpa del diccionario sino de los hablantes: *dicho de una persona y más propiamente de una mujer: que está en edad de contraer matrimonio*. Me surgen algunas dudas: ¿cuál es esa edad?, ¿hay una edad para casarse?, ¿cuál sería el término más propiamente usado para un hombre, o no lo hay? El hecho de no tener respuestas concretas para estas interrogantes demuestra que para la mujer es una cuestión vital pasar por vicaría mientras que para el hombre puede no serlo. Y la cuestión de la edad es otro asunto desigual, pues todos sabemos que los términos *solterona*, *quedada*, o expresiones como *quedarse para vestir santos*, aplican sólo si eres mujer.

Los diccionarios han querido limar asperezas y tratan de acotar añadiendo a una definición supuestamente neutra, frases como *sobre todo en el caso de la mujer*, lo cual destaca aún más la injusticia.

Sigamos con la etimología, que tampoco tiene desperdicio: *núbil* tiene que ver con *nube*, como representación de ese velo que las mujeres portan para presentarse ante el hombre que las desposará. Así, mientras las mujeres usaban la expresión *nubere viro* (ponerse un velo para el varón), ellos recibían el apelativo de *uxorem ducere* (conducir a una esposa), pues eran los que llevaban el timón de mando una vez quitado el velo.

Quizá los tiempos estén cambiando, quizá las mujeres busquen otras cosas para sentirse en las nubes y ya no necesiten esos velos literales y metafóricos para vivir plenamente.

Quizá palabras como *conyugal*, *matrimonio*, *cortejo* o la propia *núbil* sean parte de nuestra historia, pero ojalá reflejen prácticas del pasado que pierden su significado original para lograr una relación más equitativa, basada en el amor y la igualdad. Y ojalá no haya que inventar una máquina del tiempo para llegar a verlo.

NOMOFOBIA

Miedo irracional a quedarse desconectado del celular.

Las palabras nacían de grandes discusiones de expertos que se reunían largas jornadas para ponerse de acuerdo en qué término usar para nombrar un nuevo concepto. El mundo era más simple; el vocabulario, también. Luego aparecieron nuevas formas de comunicarse y de estar en contacto. Cada día surgían cosas desconocidas y el léxico no daba abasto para responder a las necesidades de los hablantes para incluirlas en la conversación, así que la gente empezó a inventar palabras. Una de esas nuevas formas de comunicación, la red, se convirtió en esa fábrica de donde brotaban vocablos nuevos creados por usuarios, y el mundo cibernético decidía si la palabra gustaba y se quedaba o se la llevaba el viento y se perdía en los *e-panteones*. Los académicos brincaban asustados en sus sillones de letras, pero el idioma se democratizó como nunca antes. Para bien o para mal, porque no todo en esa producción fueron grandes aciertos.

Las teclas tomaron el poder y la conexión a internet se volvió no sólo el bien más preciado sino el vehículo más buscado para pertenecer. Podría asegurar que en México ya hay más celulares que televisores, títulos universitarios o seguros médicos.

Tenemos más acceso a la comunicación y a la información... y tenemos nuevas adicciones. Los trastornos creados a partir de la dependencia a internet no sólo son causa de varias horas de diván, sino que han llegado a las listas de padecimientos psiquiátricos actuales. Ha nacido un nuevo concepto... ¿Cómo llamarlo?

El término *fobia* es más que conocido, pues vivimos rodeados de miedos irracionales, pero para acotar éste, que tiene que ver con la ausencia de teléfono celular a la mano, se usó el acrónimo inglés formado por *no* (negación) y *mo* (acortamiento de *mobile phone*). Yo lo descubrí en 2014, en mi tercera visita a un centro de atención a clientes en busca de mi cuarto aparato del año. No, no fue una terapia de choque para aprender a vivir sin celular, fue más bien el acercarme a los cuarenta y darme cuenta de que mi memoria se estaba saturando y de repente me resultaba más fácil dejar olvidados objetos en lugares a los que no sabía volver. Lo curioso es que básicamente me pasaba con *ese* objeto. Baños, cines, taxis y bares resultaron ser los nuevos hospedajes de un artilugio del que me había hecho dependiente. Desde entonces puedo perder cordura, peso, tiempo o incluso la cabeza, pero siempre checo que mi celular esté donde pueda encontrarlo. Soy nomofóbica perdida. Y así me lo hizo ver la señorita del mostrador entre risas: era su enésima clienta con el mismo problema. Nuestros descuidos estaban haciendo millonaria a su empresa. Y ahora ella nos ayudaba a rellenar formatos, pagar nuestros errores y a cambio, eso sí, nos regalaba vocabulario. Servicio completo.

Ese día salí con un teléfono nuevo, una deuda nueva, un padecimiento nuevo y, al menos, una palabra nueva.

MADOR

Ligero sudor que cubre de humedad la superficie de la piel, antes de empezar a formarse gotas.

Dos amigas se enfrentan en la final individual femenina del Abierto de Estados Unidos. Se han robado el corazón del público a lo largo del torneo. De un lado, Sloane Stephens, veinticuatro años, operada hace poco de una lesión en un pie. Tiene un récord muy particular: un par de meses antes de esta final se encontraba en el puesto 957 del ranking mundial. Un par de semifinales y esta final la han subido al lugar diecisiete. En seis semanas. 940 posiciones a raquetazo limpio. Sonríe. Del otro lado, su compañera de equipo, Madison Keys, veintidós años, a la que una lesión de muñeca alejó de las canchas nada más llegar al Top 10. Sabe que no es favorita pero ha roto todos los pronósticos del campeonato. ¿Por qué no uno más?

Han esperado este momento toda su vida. Impecables, elegantes, cómodas, son alentadas por las más de 20,000 gargantas que hoy se concentran aquí, además de los millones que las apoyan desde todos los rincones del mundo. Keys, de un gris metálico solemne; Stephens, de un durazno encantador que la destaca en la pista. Empiezan.

Durante una hora disputan dos sets reñidísimos. En cada golpe se dejan la piel. Los músculos llegan al límite, pero la adrenalina hará su parte para sostenerlas. Al principio se ven frescas, pelean cada pelota, darán la vida en cada punto. Y aun así parecen no despeinarse. Conforme pasan los saques, los reveses, las voleas y las pelotas estrelladas en la red, las tenistas empiezan a acusar el cansancio, y el cuerpo empieza a exteriorizarlo. Ambas se cubren de una humedad que las hará recurrir a las muñequeras, las cintas en la cabeza y hasta la toalla después de cada punto.

Ese sudor las vuelve humanas. Nos acerca a ellas y nos hace querer imitarlas porque hemos visto que tenemos algo en común. Ese *algo* es idéntico a cuando subimos a la caminadora y a los cuatro minutos ya no podemos seguir viendo la pantalla por las gotas que nos caen a raudales por la frente, la playera parece recién salida de la lavadora y sentimos que nos vamos a deshidratar en un segundo.

Sudamos para regular nuestra temperatura, pero también por miedo o nervios, aunque en estos casos el sudor se concentra en zonas concretas (axilas, frente, manos). El mador (acento en la última sílaba, aunque parezca nombre de personaje de Juego de Tronos) viene antes de la transpiración que te deja presumir tu rutina de ejercicio, no antes del sudor nervioso. Llega cuando eres Usain Bolt, no cuando eres el contador que por primera vez presenta resultados ante la directora de la empresa.

Así que la próxima vez que subas las pirámides de Palenque, entres a la clase de zumba o juegues voleibol en la playa, recuerda que así te acercas a las leyendas. Y para eso, hay que sudar la camiseta.

LUQUETE

Rueda de limón o naranja que se suele añadir al vino o a una bebida alcohólica para que adquiera su sabor.

Conocí a Alberto Gómez Font en la barra del café-bar La Ópera, en el Centro Histórico de Ciudad de México. Y no pudo haber un lugar más apropiado para entablar una amistad que dura y perdura. Alberto es un versado barman, aunque la gente lo conozca más por haber sido director del Instituto Cervantes en Marruecos, coordinador general de la Fundéu, autor de varios libros sobre el uso del idioma y, junto con otros tres locos adorables enamorados de las letras —Antonio, Xosé y Jorge—, parte del grupo Palabras Mayores.

Alberto me ha regalado buenas sobremesas, recomendaciones para comer y palabras, muchas palabras. "¿Sabes que eso que lleva tu copa se llama *luquete*?". Así empiezan casi todas nuestras conversaciones: con una curiosidad lingüística, y ésta además unía sus dos pasiones. La costumbre dicta que a cada pregunta de ésas le sigue siempre una sabrosa conversación.

—¿Por qué siempre la rodaja que se usa es la del medio y no una del extremo?

—Porque el diámetro perfecto es el mayor, y si coincide con el del vaso y casi se convierte en tapón, entonces es doblemente aplaudido.

—¿Y qué haces con el resto?

—Pues lo exprimes o te lo comes. Tirar comida, nunca.

—¿Se puede llamar también *gajo*?

—No, Laura, ¡gajo es lo que te ponen con el tequila o el mezcal!

—¿Y por qué se le dice *rueda* y no *rodaja*?

—Ésa es una manera de definir el luquete, pero este término es más preciso.

—¿Sólo sirve de limón o naranja o puede ser de otra fruta?

—¿Te imaginas un jitomate, un plátano o un kiwi en un gin-tonic o en un té? ¡Eso déjaselo a los que hacen comida fusión!

—¿Y sólo se pone en bebidas?

—Se llama *luquete* aunque vaya en pasteles, pescados o mariscos. Lo importante es el aroma y la acidez que aportan.

—¿Lo entienden todos los bartenders?

—Sólo los buenos, querida, como en todo. Es un signo de que eres un gran profesional. Como tú, que te acabas de convertir en una clienta profesional.

Y así podíamos pasar horas. Yo, como niña pequeña, disparando preguntas sin fin, y él, paciente y divertido, haciendo gala de su humor, conocimiento e ingenio para responderlas y siempre terminar celebrando.

Yo había usado luquetes sin saber todavía lo que eran. Los había pedido en refrescos y ahora los incluía en cocteles, pues tienen una función muy particular, a diferencia de las sombrillas de las margaritas o las aceitunas del Martini. El luquete tiene un toque de distinción. Y su sola presencia es capaz de llevarte al calor del verano, la complicidad de los amigos, la calidez de la convivencia y la algarabía de la fiesta.

LÚNULA

Espacio blanquecino semicircular que se asoma en la raíz de las uñas.

Tengo debilidad por las esdrújulas, así que esta palabra venía ya con ventaja para ser de las preferidas. Además soy de las lunáticas que mira ese lunar que tiene el cielo todas las noches y le dice adiós antes de irse a dormir, convencida de que el conejo que allá habita me trae los besos que me manda mi madre desde España al terminar el día. ¿Se imaginan lo que sentí al saber que tenemos emisarias de la Luna en cada dedo? Diez gajos de Luna al alcance de la mano. Literalmente. Se fue directa a mi vocabulario.

Me llegó un día mientras indagaba sobre metatarsos y falanges. Y ahí estaba, hermosa y discreta en una ilustración sobre los dedos de la mano y los nombres de sus partes.

Quedé hechizada. Luego investigué. Descubrí que no todo el mundo tiene lúnulas visibles (yo me di cuenta, por ejemplo, de que en las uñas de los pies no tengo lúnulas, y apuesto a que quisieras estar descalzo en este instante para ver si tú las tienes). Y aunque están contigo desde la semana catorce de tu gestación, a lo largo de tu vida irán cambiando de tamaño (y si sufren cambios de color o forma, pueden estarte diciendo que algo anda mal en tu organismo).

Y ya que estamos viéndonos los dedos, añado otro descubrimiento que esta tarea me regaló: la palabra *mentira*, forma coloquial de llamarles a las manchas blancas que aparecen y desaparecen de las uñas. Una especie de nubecitas que nublan la visión de las lúnulas... Un pedazo de cielo en tan poca extensión corporal. Las *mentiras* no tienen que ver con engaños, tampoco con la falta de calcio, como se suele decir. La *leuconiquia*, nombre científico del fenómeno, tiene que ver con marcas que quedan de golpes o lesiones sufridas anteriormente en la raíz de las uñas.

Por supuesto, la etimología de *lúnula* tiene que ver con *Luna*, en concreto, con una forma diminutiva de esta palabra. Sería algo así como *lunita*.

En los tratamientos de cuidado de uñas, existe la manicura francesa, que resalta la punta de la uña; también existe la manicura francesa invertida, que resalta la base, y así presumes tus lúnulas por la calle.

También me di cuenta de que aunque pudieras tapar el *Sol con un dedo*, con la Luna, no se puede: ahí queda, siempre visible. Y fascinante.

LIMERENCIA

Estado mental involuntario que resulta de una atracción romántica hacia alguien en el que se siente una necesidad obsesiva de ser correspondido.

Ay, el amor... El día que descubramos sus misterios se habrá despejado una de las grandes incógnitas ilógicas del ser humano y acabaremos con todas esas horas de reflexión y sufrimiento. ¿Cuántas cosas no habremos hecho por estar enamorados? Y es que para definir el enamoramiento se recurre a términos tan subjetivos y poco comedidos como *pasión, excitación, prendarse, deseo, arrebato, frenesí, enloquecimiento, fascinación...* ¿Quién le pone freno a semejante grupo de sentimientos?

Dejamos de comer, dormimos mal, nos quedamos mirando al vacío sin darnos cuenta, repasamos una y otra vez un instante que quisiéramos congelar en la memoria, nos sudan las manos, nos duele la panza, sonreímos como lelos, nos ponemos cursis con las canciones románticas, todo nos parece hermoso y feliz... Visto así, no parece envidiable, y sin embargo, parecemos estar enganchados a esta emoción que casi nos mantiene flotando en el aire.

Llega sin avisar y para zarandearte. A ti y a los que te rodean. Un día, así de la nada, empiezas a sonreír y a ver todo de color rosa. Si eres correspondido se produce la magia, pero si no...

Si no, caes en la *limerencia*. Y si los estragos del amor te parecen un torbellino, agárrate si te vas a enfrentar a la pesadilla de querer ser correspondido sin tener signos de que vaya a suceder. El amor platónico es bonito cuando lo estudias en Filosofía, pero cuando es tu voz la que tartamudea, tus mejillas las que se sonrojan sin mando ni gobierno y tu fijación por una persona la que se convierte en obsesión, ahí ya no está padre. Se dice que cuando uno se enamora está enfermo de amor, pero en el caso de la limerencia sí se trata de una enfermedad para la que no hay un remedio fácil.

Podría haberse llamado *obsesión amorosa* o *locura de amor*, pero la psicóloga estadounidense Dorothy Tennov decidió bautizar este trastorno como *limerencia*, después de estudiarlo, reflexionar sobre él y publicar los resultados en un libro de 1979. "Suena bien y es fácil de repetir", dijo al cuestionarse su etimología. A veces las palabras nacen así, sin apelar a raíces grecorromanas ni razones académicas. Muchos, tratando de encontrar una lógica, la acercaron a *limerick*, palabra inglesa que define una composición poética burlona sobre temas amorosos. Al añadirle la palabra *romance*, se formaría *limerence*, que hemos tomado para incluirla en español.

En tiempos de tecnología y comunicación excesivas, este trastorno puede dejarte no sólo sin el amor de tu vida (en tu mente, al menos), sino sin amigos que huirán ante tanta intensidad. Podríamos volver a los tiempos de las flores, los chocolates y el sentido del humor para quedar en la mira de Cupido; no olvidemos que en su aljaba además de las flechas de amor porta las de la *indiferencia*, que rima con *limerencia*...

LETOLÓGICA

Incapacidad para recordar una palabra que se quiere decir.

Nos habíamos juntado en las oficinas de Canal 22, entonces ubicadas en la colonia Álamos, para planear un nuevo programa, que sería la continuación de *Barra de letras*. Los libros seguirían siendo los protagonistas, pero el formato cambiaría ligeramente. Y entre otras cosas, había que encontrarle un nombre. La lluvia de ideas trajo muchos y muy buenos. Tras muchas propuestas finalmente quedó *La dichosa palabra*, en alusión a ese momento en el que no encontramos el término que iría perfecto en la frase con la que queremos explicar algo. "¿Cuál era esa maldita palabra? ¡No encuentro la dichosa palabra!" Pero nosotros encontramos así el dichoso nombre.

"Todo un ejemplo de letológica", dijo entonces Froylán López Narváez, uno de esos magos en la vida del canal, y descubridor de aquel término en mi vocabulario. Había que empezar inmediatamente a estudiar. Para pertenecer a aquel programa de letras no me podría permitir mucha letológica.

La neurología y la psicología tienen argumentos que explican las causas y procesos que ocurren en estos casos. Razones hay para que ocurra y técnicas para que no ocurra. Pero eso dejémoselo a los expertos. Mi objeto de estudio es la palabra en sí. Carl Jung la popularizó en el siglo XX pero ya existía desde antes, formada a partir del sufijo *-logos* (*palabra, hablar, lenguaje*) y *lethé* (*olvido*, raíz poco conocida pero presente en palabras como *letargo* o *letal*). *Lete* es más conocido: el río de la mitología griega que era responsable de la falta de memoria; si uno bebía de sus aguas, olvidaba su vida en la tierra. Conveniente en muchos casos, no lo dudo, pero no cuando vas a la ferretería a comprar algo que no está a la vista y a la hora de pedírselo al vendedor la escena se convierte en "dígalo con mímica".

¿Sabemos tantas palabras como para que nos pase esto? Más bien, nuestra memoria se satura, como los celulares. En la tecnología es fácil: borras datos que no te sirven, contratas una ampliación de memoria, compras un disco duro externo o, de plano, te compras un aparato más moderno. Ojalá fuera así de fácil con nuestro cerebro. Pero no, ahí vamos almacenando palabras, unas las usamos; otras, no tanto. Algunas las asociamos con emociones y las recordamos mejor. Otras son nombres propios y se empiezan a mezclar como en coctel. Todas están sujetas al abismo que tenemos en la punta de la lengua.

La letológica puede atacar con vocablos muy técnicos y muy raros, pero también con algunos tan sencillos como *manzana*, *rojo* o incluso con el nombre de tus familiares: mi abuela podía repasar todo el santoral hasta dar con el nombre del nieto al que quería regañar (aunque la traviesa fuera la letológica).

Yo soy presa de la letológica hasta para acordarme de ella. Quizá podría aprovechar estas lagunas para pulir mi lezotecnia, es decir, el arte del olvido. Y es que a veces la memoria es la mejor aliada para olvidar.

LEMNISCO

Signo compuesto por una raya horizontal con un punto encima y otro debajo que, en matemáticas, indica división.

Soy hija de matemático. Desde niña cuento cosas. Mi padre lo hace desde que tengo memoria y yo lo imito. Sumo cifras que veo. Juego con ellas. A muchos niños les ponen a formar palabras con las letras de las placas de los coches. A mi hermano y a mí, mis padres nos ponían a sumar los dígitos. Y cada quien tenía una cifra final; cuando la suma de todos los números daba esa cifra que cada quien había elegido al azar, aplaudíamos. Así recorrimos miles de kilómetros. Aun así me dediqué a las letras... pero ésa es otra historia.

La que quiero contar aquí tiene que ver con los nombres de los símbolos matemáticos. Todo el mundo dice que las matemáticas son difíciles, pero las operaciones básicas en realidad son eso, básicas. Sumar, restar, multiplicar y dividir. Y, sin embargo, aunque estas acciones aritméticas pueden ser reconocidas y realizadas por la gran mayoría, el nombre de los operadores que se usan en ellas es desconocido para casi todos. Yo me sorprendí. Hice dudar hasta a mi padre. Por fin mis letras aportaban a sus matemáticas.

La adición se representa con una cruz; la sustracción, con una raya o semirraya; la multiplicación nos deja pensando, pero cuando escuchamos *aspa* sonreímos, porque todos le decimos *equis* y ambas son correctas. O directamente escribimos un asterisco, y también está bien. Hasta ahí todo controlado. Pero cuando llegamos a la división, que estratégicamente dejamos para el final en la enumeración, la cosa se vuelve más compleja. Usamos dos puntos en vertical o una diagonal por comodidad (y porque las encontramos en el teclado) pero el símbolo apropiado consiste en una raya horizontal con un punto encima y otro debajo. Eso se llama *lemnisco*. Si quieres ganar algún día

en el Scrabble, ésa es fulminante. Si tuviste un profesor de matemáticas de esos que dejan huella, puede que tengas en la memoria *óbelo* (esdrújula, maravillosa), pero *lemnisco* es para auténticos sagaces de la palabra y los números.

El término latino *obelus* significaba *palillo afilado, estaca*, y está más presente en diccionarios y libros sobre etimologías. Algunos aseguran que en realidad *óbelo* viene del inglés y es una cruz que tiene la línea horizontal más corta que la vertical pero dejaré esas discusiones para los lectores y seguiré con *lemnisco*, que en el diccionario presenta un abanico de opciones. La RAE se refiere solamente a la cinta que acompañaba a las coronas de laureles que portaban los atletas vencedores en la Antigua Roma, pero internet nos despliega hasta un tratado médico que describe ciertas fibras sensoriales de partes anatómicas que no me atrevo ni a pronunciar porque me duelen (y desconozco dónde están).

Si eres de los que aún usan el diccionario en papel, notarás que cerquita se asoma *lemniscata*, que, puesto que andamos con los números, es la palabra que designa un ocho horizontal, es decir, el infinito. Como infinitas son las maravillas del idioma.

ISOSMIA

*Dificultad para distinguir
los olores, todos
huelen igual.*

"Si el que no oye es sordo y el que no habla es mudo, ¿cómo se llama el que no puede oler?". Ismael, Diego y Ulises no estaban dispuestos a que éste fuera un viaje aburrido y empezaron a disparar desde el kilómetro tres, en cuanto se acomodaron en aquel Swift gris que nos llevaría a Valle de Bravo. Hora y media de interrogatorio. Sólo esperaba estar a la altura de sus expectativas o haber dormido lo suficiente como para echar a andar mi arsenal lingüístico, que si bien no me serviría para engañarlos, sí provocaría hartas risas. Al menos hasta la primera caseta.

Pero ésta sí me la sabía. La aprendí cuando la congestión nasal me anuló por completo el sentido del olfato y casi por completo el sentido del humor. El doctor me dijo que era normal, que pasaría y que aprovechara las ventajas de no tener que padecer los malos olores. Y tuvo razón. Durante un par de días me dio igual si mi *roomie* no sacaba la basura orgánica, si el portero inundaba las escaleras con cloro o si la vecina cocinaba contra vampiros. Ni qué decir del baño.

Pero pronto se volvió en mi contra: me negaba la posibilidad de saber a qué olían las flores que me traía mi novio, percibir la leña en la montaña, las palomitas en el cine o la cochinita pibil. Y eso sí era un drama. Antibiótico inmediatamente. Había que recuperar el olfato. Adiós, *isosmia*. Bienvenida, palabra, a mi oloroso vocabulario y a la conversación del coche.

Osmé significaba *olor* en griego, y de ahí tenemos toda una variedad de palabras que tienen que ver con el olfato: *anosmia* (*an-*, *privación*, como en *analfabeta*), *cacosmia* (*kakos*, *mal*, como en *cacofonía*), *disosmia* (*dys-*, dificultad, como en *discernir*), *hiperosmia* (*hyper-*, *aumento, exceso*, como en *hiperactivo*), *hipos-*

mia (*hypo-*, *descenso*, como en *hipotermia*) *isosmia* (*isos-*, *igual*, como en *isósceles*). Una tragedia.

Diego no se dio por vencido y siguió atacando: "¿Y el que no identifica sabores?". Casi lo habíamos conseguido. Casi. Pero mi gripa no me alcanzó para tanto; pude saborear todas las comidas y el doctor no me dio ninguna palabra más para salir de este apuro. Y entonces de la nada, su hermano, sólo tres años mayor, soltó: "Se llama *ageusia*". Yadira casi choca el coche del shock. ¿Qué extraterrestre y filólogo acababa de poseer esa mente de once años? "Se lo dijo el doctor a papá el año pasado, dijo que era por fumar mucho". No me acordaba de aquel verbo griego que significaba *degustar o probar*, y de donde nos llegó *gusto*.

Fueron mis mocos y los cigarros de su padre los que nos ayudaron con la mitad del trayecto. Y llegamos a tiempo a comer. A saborear y llenarnos de los ricos olores de aquel mole de guajolote, aquel consomé de borrego y aquellas carnitas de cerdo. Todo un deleite para los sentidos y para el estómago. Todo un descubrimiento léxico en apenas 140 kilómetros muy bien aprovechados.

INTONSO

*Referido a un libro,
que contiene algunos pliegos
sin cortar, de modo que algunas
de sus páginas permanecen
pegadas entre sí.*

La mayoría de la gente pone cara de susto, decepción o enojo cuando ve un libro intonso. Yo me siento afortunada, feliz y especial. Como cuando te toca un trébol de cuatro hojas o ves un delfín de color rosa. Hay algo de seductor en la imperfección. La belleza de lo distinto, lo inesperado.

En mis tiempos de editora me tocó visitar algunas imprentas para supervisar el proceso final de los diccionarios que hacíamos. El olor a papel, a tinta y a barniz me mantenía horas caminando ensimismada entre rollos enormes de papel blanco, torres de libros y aquellas ruidosas máquinas que parecían *transformers* en plena acción.

Los operarios de aquellos aparatos salidos de una película de ciencia ficción me explicaban su funcionamiento, qué podía fallar y cómo los reparaban. Una de las etapas en las que los errores podían suceder era la de la guillotina, donde unas cuchillas enormes cortaban los pliegos de papel de manera uniforme, dejándolos listos para ser encuadernados. A veces los pliegos no venían perfectamente colocados, quizá se hubieran movido milímetros de su posición inicial, y el corte no se hacía parejo. Esto producía páginas con textos torcidos, de diferentes tamaños o, simplemente, sin cortar. A veces se detectaba y se repetía el proceso y, otras llega así hasta nuestras manos. Y a mí me parece un regalo.

Puedes devolver un ejemplar intonso y cambiarlo por uno *normal*, pero conservarlo te brindará una experiencia distinta. Lo primero será decidir: ¿separar o no separar? Esas páginas siamesas han nacido así por una razón, o quizá podrían ser el símbolo del amor (ay, esas relaciones intonsas, en las que uno tiene que decidir si cortarlas o dejarlas como están...); también podrías ser dueño de una reliquia (abundan las páginas web donde se venden objetos raros, defectuosos... y muy cotizados), o... te dejas de intensidad (¿intonsidad?), cortas y sigues leyendo.

La palabra tiene que ver con el verbo *tonsurar,* que se refiere a la acción de cortarle el pelo a alguien (del latín *tondere, trasquilar* o, por extensión, *cortar el pelo*), así que *intonso* sería *sin cortar, que no tiene el pelo cortado* y, llevado al mundo de los libros, *que no tiene el borde cortado.* Quizá les suene la tonsura de los sacerdotes o monjes, ese círculo afeitado en la coronilla que usaban dentro de los ritos preparatorios. Rito, reliquia, peculiaridad o simple descuido, a mí me parece un trofeo para los anaqueles de tu casa y una gran oportunidad para sacar del retiro al tan inusual abrecartas. ¿Cuándo usarlo si no? Una persona excepcional tiene ese tipo de objetos raros. Un libro imperfecto es una excusa perfecta para utilizarlos.

HERRETE

Remate metálico o de plástico, que se pone en los extremos de los cordones para que puedan traspasar fácilmente por los ojetes.

Antes del velcro, de los zapatos con elásticos y de haber soñado con tener unos tenis como los de Marty McFly en *Volver al futuro*, teníamos que aprender a abrocharnos las agujetas. O los cordones, como los conocí yo (porque hasta que la telenovela *Agujetas de color de rosa* llegó a España, para mí las *agujetas* eran los dolores que me daban en la panza o en los brazos al día siguiente de tener clase de educación física).

No recuerdo a qué edad aprendí a hacerlo, pero sí recuerdo la rima con la que lo practicábamos:

Toma un cordón, forma una orejita,
el otro lo abraza y se mete en la cuevita.
Cuando ya estén las dos orejitas,
con un nudo en el medio,
quedarán más bonitas.
Lo tienes que practicar,
si tiras de las puntas,
se volverán a desatar.

Nos hacía tanta gracia la canción que jugábamos a atarnos y desatarnos los cordones sin fin. Luego crecí y lo que tuve que aprender fue a quitarlos y ponerlos para meterlos en la lavadora. Y ahí llegó otro reto, pues casi nunca quedaban igual colocados después de la operación limpieza; los ojales estaban desgastados y resultaba más difícil hacerlos pasar a través de ellos que a mi abuela enhebrar una aguja. Años después llegó Camper y nos enseñó que se vale jugar con las formas y hacer dibujos con los cordones. Y hacer nudos en los extremos, para ahorrarse los *herretes,* esos remates de plástico que resultaban tan útiles cuando llegaba el desgaste. *Herrete* viene de *hierro,* quizá porque en un inicio eran de ese material y hasta de metales preciosos, pero probablemente eran un problemita en la lavadora y el plástico terminó triunfando. Total, sólo es una especie de guía para poder pasar los cordones por el ojal (no me acostumbro a llamarlos *ojetes,* porque soy muy propia) o una manera de evitar que se deshagan, pues al fin y al cabo se trata de un conjunto de hilos trenzados. Algo muy útil, muy usado, pero con un nombre que pocos recuerdan.

En eso debieron pensar hace algunos años Phineas y Ferb para difundir por el mundo esta palabra con su canción "El club del herrete", que estuvo a punto de desbancar en popularidad al episodio de Los Tres Mosqueteros, en el que Aramis y Gascón se conocieron durante el rescate de unos herretes de diamantes que pertenecían a la reina de Austria.

Ya sea cantando con caricaturas, disfrutando con las aventuras de los mosqueteros, viajando en el tiempo dentro de un coche ochentero o haciendo abdominales en la escuela (por aquello de las agujetas), el herrete ha sido un gran invento que nos ha acompañado toda la vida y que merece ser llamado por su nombre.

HALLUX

Dedo gordo del pie.

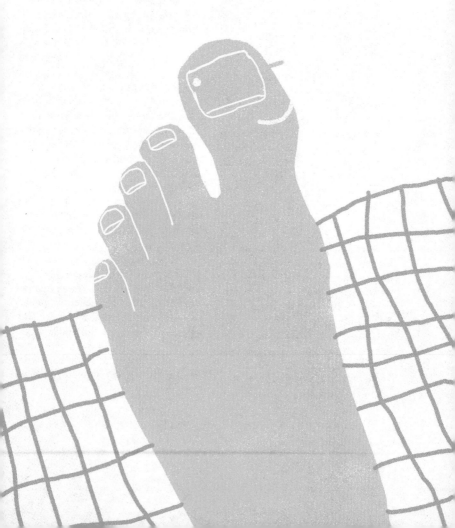

L a aparición del Wii ya me tocó grandecita. Mi relación con Nintendo había acabado después del Game Boy, pero cuando tus sobrinos te ven pocos días al año y te esperan con el control del videojuego en la mano y suplicándote que juegues con ellos, te sientes la más rejuvenecida y decides hacerte la tía *cool* del año. Juegas.

Me hice un esguince en el dedo anular derecho jugando al tenis. Compitiendo contra una pantalla. En la sala de la casa de mis padres. En pantalones de mezclilla. Con una pelota virtual. Años tomando clases y creyéndome Martina Navratilova para terminar con un dedo entablillado por pegarme contra el respaldo de una silla al querer ganarle el punto a mi sobrina de ocho años. Por supuesto, ganó ella, mucho más ágil en los brincos domésticos que su tía soñándose en la final de Roland Garros, pero más que el dolor de aquel dedo me consumía la angustia al pensar cómo explicaría esto al resto del mundo.

Con el traumatólogo me quise ver experta en anatomía y le conté que la lesión era en el dedo anular (como si la hinchazón y el amoratamiento no fueran suficientes indicios). "Se llama 4, Laura, los dedos se denominan con números; lo de pulgar, meñique y demás corresponde a la terminología coloquial." A estas alturas a mi orgullo ya no le quedaban ni las gotas de la felicidad, así que me senté obediente y calladita a ver cómo mi dedo 4 quedaba inmovilizado. Me resistía a la idea de colgar los tenis (literal y metafóricamente), pero mis días en la *cancha* parecían haber llegado a su fin.

Ya en casa, me sumergí en el libro de anatomía de mi hermano, ávida por aclarar si los dedos eran de letras o de números. Obviamente, el doctor tenía razón, y la nomenclatura médica para los dedos de la mano usaba números, empezando con el pulgar que se llama 1.

Pero ya que estaba jugando a Sherlock Holmes ese día, la curiosidad me llevó a avanzar en la página para descubrir algo que me dejaría perpleja: por muy lógico que suene, los dedos de los pies no tenían los mismos nombres que los de las manos (claro, no hay anillo que portar ni pulgas que se maten con los pies). Los pies también responden a números y en este caso el 1 también es el *gordo*. Aquí el hablante común se había quedado perezoso a la hora de buscarles nombres coloquiales y habían bautizado sólo a dos de ellos: *meñique* sería el más pequeño y *hallux*, el más gordo. ¿*Hallux*? Así se decía *dedo gordo* en latín y así nos llegó a nosotros, aunque rara vez se use este término. No estaba dispuesta a comprobarlo con otro videojuego para ponerlo en práctica (capaz que me fisuro el hallux midiéndome en la Fórmula 1 contra el holograma de Fernando Alonso), pero me sentí satisfecha con mi nueva incorporación al vocabulario.

Mi aventura con el Wii me enseñó cómo llamarle correctamente al *dedo gordo* del pie, que los dedos de la mano se numeran y, sobre todo, me enseñó a buscar espacios más abiertos para practicar deportes, aunque sean virtuales.

GULUSMEAR

*Andar oliendo o probando
lo que se está guisando.*

No sabía que había una palabra para definirlo. Y la aprendí en un libro de recetas, el que me regalaron mis padres cuando me independicé, temerosos de que mi nueva libertad me dejara en los huesos. Se trataba del imprescindible *1080 recetas de cocina*, de Simone Ortega. Uno que ha sobrevivido a todas mis mudanzas. Y no es dato menor. "Felices recetas para una buena comilona", decía la dedicatoria. Y entre porciones, utensilios, delantales y desastres, aprendí mucho vocabulario. En la página del pisto apareció *gulusmear*, que como incienso llenó la cocina de olor.

Pero no se trata de oler de cualquier forma. *Gulusmear* es, como indica su etimología, una combinación de *gula* y *husmeo*. Soberbio.

Porque cuando uno se acerca al guiso para gulusmear, sea cocinero o comensal, lo hace con aire de intriga, chiquillada y clandestinidad. Si uno prepara la cena, suena lógico probar durante el proceso para atinarles a las cantidades de sal, el tiempo de cocción o la inclusión de algún ingrediente nuevo que no venía en la receta. Hay que saber lo que se servirá y prever las reacciones en la mesa. Hasta ahí todo bien. Pero cuando lo hace uno que no estaba invitado en la cocina, viene la sorpresa. Si alguien gulusmea corre el riesgo de enchilarse, mancharse delatadoramente o ser alcanzado por la chancla de mamá, que te llegó de quién sabe dónde. Como todas las chanclas de todas las mamás. Si no te pescan no hay palabra. Y si no hay palabra no hay diversión.

La gula es considerada un pecado capital: comer y beber en exceso no está bien visto, mucho menos en estos tiempos de obesidad. "¡Pero sólo lo estaba probando!". Toda la razón, en la cata no hay exceso, a no ser que metas la cuchara demasiadas veces. Ahora, al unir la gula con el verbo *husmear*, ya no queda escapatoria. Rastrear la comida con el olfato implica seguir los vestigios (como algo ya realizado, hecho, pasado), las señales (como una marca o distintivo de algo que hará recordarlo posteriormente), o indicios (como algo que predice lo que podría ocurrir después, en ese lapso entre el fuego y el estómago). Te encanta gulusmear y no puedes negarlo.

Pero describirlo con este sabroso verbo te permitirá desviar la atención y podrás defenderte de tu travesura. Hasta te la perdonarán. Prueba, puesto que de probar se trata.

GLOSOFOBIA

Ansiedad o miedo que se siente al hablar en público.

La gente cree que no me pongo nerviosa frente a una cámara de televisión. Claro, después de dieciséis años al aire la cosa ha mejorado, pero lo que no saben es que los dos primeros años hasta me daba fiebre durante el dichoso programa.

Sin embargo, de niña jugaba a que era bailarina y salía al escenario como parte del equipo de baile de... ¡Madonna! No sólo hacía las MEJORES coreografías jamás concebidas, sino que disfrutaba todo el espectáculo. Con toallas hacía el vestuario (conociendo a la Chica Material, seguramente se parecía mucho a la realidad) y agarraba el micrófono con tal soltura que podría haber nacido en el seno de la familia Ciccone. Lo de dar el do de pecho ya es otra historia, pero esa gira onírica nadie me la quita.

Años después, ya trabajando en una empresa editorial, alguien pensó que podría tener madera para explicar a más gente lo que hacíamos en aquel departamento de lexicografía y mi jefe me mandó a un curso de oratoria donde me dieron técnicas para controlar los nervios, estructurar mis ideas y divertir a mi potencial auditorio, incluso explicando el arte de definir el léxico. Mi profesor, Jorge, no sólo era un tipo divertido y entretenido, también derrochaba inteligencia y talento. No sabría medir qué tanto me ayudaron aquellas clases, pero hoy, veinte años después, lo sigo recordando y pensando "Ojalá pudiera decirte la cantidad de veces que he recurrido a tus lecciones y lo que me acuerdo de ti". Sin poder traer a la mente cada detalle de aquellas enseñanzas, puedo asegurar que al respirar profundo antes del 3, 2, 1, ¡cue!, o al mirar hacia arriba antes de salir ante un auditorio, rememoro esas tardes en aquel centro de enseñanza de Pozuelo sentada en esas sillas con paleta. Y pienso en Jorge y sonrío.

"Tener glosofobia no es el problema; el reto es saber cómo vencerla y hacerla tu amiga". ¡Zas! La frase me caló, pero sobre todo me quedé pensando por qué la llamaba así, si *glossa* significa *lengua* (ya tenía dos años haciendo diccionarios, perdón).

Cuando estudiaba traducción deseaba tener *glosalia*, término que parecía más profesional que *don de lenguas*, y sabía que *glosario* era *el lugar donde se guardan las palabras oscuras*, es decir, las que no se entienden; así que pensé que tener fobia a las palabras oscuras equivaldría a quedarse sin ellas, así como cuando uno se queda en blanco por el pánico escénico y no sabe cómo seguir su discurso.

No sé si para combatir a tu enemigo además de conocerlo debas saber su nombre pero ese día me hice amiga de la palabra y cada vez que me pongo nerviosa, además de todas las técnicas que me enseñaron y que he ido añadiendo con los años, me sirve acordarme del simpático nombre de ese miedo, que automáticamente se convierte en risa y entonces empiezo a hablar como si viniera de haber escuchado el mejor chiste y la gente se pone atenta a ver si me animo a contarlo en algún momento de mi exposición. Y las palabras empiezan a caer del cielo.

GLABELA

Espacio sin vello entre las cejas.

No hay duda de que para ejemplo de esta palabra podríamos mostrar el rostro de muchas personas, pero no el de Frida Kahlo. O quizá tenga precisamente la mejor ceja para ejemplificarlo. "Glabela: lo que no tenía Frida". Porque si hay algo que representa a esta artista es su poblado entrecejo. Es más, creo que si uno busca *uniceja* en Google, aparece su retrato. Pero lo que es un hecho es que esta mexicana inmortal supo hacer de ese rasgo una seña de identidad. Por no hablar del dineral que se ahorró en depilación, porque ahora tenemos mucho láser y mucha luz pulsada pero hasta hace quince años todo era a golpe de pinzas, cera y gritos. Y uno, más bien una, sopesaba cuidadosamente si merecía la pena.

La cultura de lo peludo no se ha limitado a piernas, axilas y zonas de biquini: la guerra contra el vello alcanzó también a la ceja. Según la moda y el momento las preferimos delgadas, frondosas, naturales y hasta tatuadas. Pero el entrecejo siempre se ha visto mejor peladito. *Glabela* denota justo eso, la ausencia de vello (*glaber* en latín significaba *sin pelos*, lo que dio lugar con el tiempo a otra palabra poco usada en español, *glabro*, que aparece en el diccionario como *lampiño, calvo*). Bonitas, curiosas y desconocidas ambas.

En realidad la glabela se refiere al hueso del cráneo situado en esta parte de la frente, pero como retenemos mejor nombres de partes que vemos que los de aquellas que están al otro lado de la piel, terminamos llamando así también al exterior.

Por suerte yo no he tenido que batallar con el entrecejo, pero sí con el ceño fruncido, característica de todo buen miope que hace que tengas arrugas en la frente antes que canas en la cabeza. Y justo ahí, en la glabela, que pasó de ser una parte suavecita, como indica su etimología, a ser una arrugadita, que tampoco es muy lucidor.

No sé por qué *glabela* me recuerda a Gatúbela, cuyo antifaz nos impide saber cómo tenía el entrecejo, pero en los cómics salen todos tan estupendos que seguro tenía la glabela como había que tenerla.

Si eres joven, quizá esta palabra sólo te sirva para nombrar a tus *unicejos* favoritos del mundo del espectáculo, pero cuando tengas más edad y entres en un consultorio estético, querrás saber cómo pedirle al doctor dónde quitarte esas "líneas de expresión", que lo único que expresan es tu fecha de nacimiento. Y eso puede ponerte los pelos de punta, incluso los del entrecejo...

GISTE

Espuma de la cerveza.

Mi padre se ha convertido en un sibarita del vino. Los jueves sale a comer con sus amigos jubilados y su mayor afición es probar buenos jugos de uva y discutir sobre cuál le parece a cada uno que es el mejor. Pero eso es reciente. En realidad mi padre no probó nunca una gota de vino hasta que el cardiólogo, tras su primer infarto, le dijo que los flavonoides presentes en esta bebida funcionan como vasodilatadores y le harían el mismo efecto que unos cuantos medicamentos recetados, así que, más como ser humano que como doctor, le recomendaba una copa de Merlot más que una cápsula de colorines; la disfrutaría más. Tinto remedio. Esas primeras vacaciones tras el quirófano probó su primer albariño y desde entonces, sumiller.

Hasta que el corazón lo hizo cambiar de rubro, mi padre era más partidario de la cerveza. Cuando la televisión de paga hizo salir a los pamboleros de casa para ver los clásicos en el bar, mi padre cambió las pantuflas y el sillón por las tapas y las cañas. Ahora sí que "No soy yo, es la Federación Española de Fútbol". Y como buenos hijos de *forofo* que somos, mi hermano y yo pasábamos a saludar. Ay, aquellos maravillosos años en los que no estaba mal visto que en los bares hubiera hasta carriolas. Nosotros estábamos en lo nuestro en la mesa de la esquina mientras en la barra se cocinaban las mejores narraciones del balompié. Ríete tú de Joserra y Martinoli, teníamos frente a nuestros ojos al mejor once titular del periodismo deportivo. Ni más ni menos que en el bar Las Tejas, en pleno Alcorcón.

Y los goles *merengues* se festejaban con tal alegría que podías llegar con las peores calificaciones de la escuela en ese momento y nadie se percataría. Yo, como solía sacar buenas notas, aprovechaba para probar la cerveza. Siendo sincera, creo que nunca llegué a tocar el líquido, lo que me divertía en realidad era marcar mis labios con la espuma y quedarme con ese bigote blanco que tanto nos hacía reír.

"Vaya giste más bueno que te has pillado", me dijo una vez Vicente. Porque además de expertos en deporte eran jugadores con el lenguaje. Que luego no digan que en los bares no se aprende de la vida... No sería la tertulia de un café literario, pero de que aprendí léxico entre botellines y raciones de queso, no hay duda.

Como era de esperarse, *giste* es un término tomado del alemán (*gischt*), que significa literalmente *espuma*. Indiscutibles contrincantes en la cancha e imbatibles en la cebada.

Se supone que para servir bien un tarro de cerveza hay que inclinar el vaso y depositar el líquido lentamente para evitar la formación de espuma, pero yo cada vez que me traen una botella de cerveza la vuelco rápido para poder mojarme los labios, quedarme con mi bigote blanco y sonreír al rememorar aquellas tardes de goles y brindis.

FUNDERELELE

Utensilio de cocina similar
a una cuchara, que incluye
un mecanismo con el que
se da forma de bola al helado.

Me gustan las palabras que bailan. Esas cuyas sílabas transmiten ritmo, sonoridad y prácticamente provocan una sonrisa al pronunciarlas y al escucharlas. Es el caso de *funderelele*, que se convirtió en una de mis favoritas desde que la conocí.

Hay sonidos que transmiten una imagen, un lugar o una situación. A mí *funderelele* me lleva directamente a un tablado de flamenco. Incluso escucho las palmas y sigo el compás.

No recuerdo la primera vez que la escuché ni quién la dijo. Ni siquiera si la oí o la leí, pero sí que me encandiló. Me sorprendió no conocer el nombre de algo tan común y me maravilló la forma tan simpática que había adoptado un instrumento que aportaba tanta felicidad.

La siguiente vez que fui a una heladería le pregunté al dependiente por la palabra. No la conocía. Su cara se transformó en una mezcla de asombro y pena por no haberse planteado nunca cómo nombrar a tan fiel herramienta compañera. Ese día me regaló una bola de helado, quizá porque le regalé una palabra, quizá como solicitud de que no revelara casi un descuido laboral. Me fui contenta y convencida de que ese encuentro quizá provocaría una expansión del término. Sin duda, crearía un tema de conversación entre el heladero y futuros clientes y así, del boca a boca, *funderelele* crecería en su cadena lingüística. Cada uno de nosotros seríamos un eslabón para lograrlo.

La dificultad, casi imposibilidad, de encontrar una etimología correcta y consensuada hace dudar del origen de la palabra, por lo que algunos la definen como *bulo*. No se sabe cuándo ni cómo se formó, no tiene registros antiguos o fuentes que avalen su *currículum*, pero si a alguien se le ocurrió que un objeto tan frecuente y útil merecía tener un nombre propio y la inventó sin más (no la he encontrado en ningún diccionario), yo me sumo a los fans de semejante término, por necesario, seductor y original.

FOSFENO

Lucecita que vemos con los ojos cerrados (hay una definición más científica, lo sé).

"**S**e pondrá todo oscuro, no te asustes, pasará rápido. Mira a cualquier parte menos a la luz roja. Recuerda, NO MIRES LA LUZ ROJA".

No me hubieran dicho. Ahora sólo podía pensar en la luz roja. Fueron los cuatro minutos más largos de mi vida. En ese momento me cuestioné qué tan buena idea había sido operarme de miopía y poner en riesgo mis ojos. Me molestaba llevar lentes, ésa había sido la razón. Era muy incómodo que se llenaran de gotitas en días de lluvia o se empañaran con cambios bruscos de temperatura. Había sentido la vulnerabilidad (dependencia, más bien) cuando en un viaje se me rompió un cristal y tuve que dedicar una buena parte del tiempo a reponer algo que me permitiera no sólo seguir contemplando el paisaje, sino sobrevivir.

Tumbada en la camilla, con un aparato que me abría los ojos y otro que me pegaba los párpados en la frente y viendo, sí, *viendo*, cómo un láser se acercaba a mi pupila para dejarme en negros, sentí pánico. Una semana después, cuando volví a ver con nitidez las hojas de los árboles y el fondo de la alberca cuando nadaba, creía que había sido la mejor decisión de mi vida, pero poco antes sólo veía destellos. De colores. Con los ojos abiertos y con los ojos cerrados.

El doctor me contó que los destellos eran fosfenos. Ésta fue su definición: "Una sensación visual causada por la estimulación magnética, eléctrica o mecánica de la retina o la corteza visual, basada en la capacidad de las células del sistema visual para producir fotones, igual que la luz externa actúa sobre la retina, o como cuando recibes un golpe o presión en el globo ocular". No entendí gran cosa. ¿Se lo habrían enseñado así en la facultad o habría consultado el diccionario en su celular? Quién sabe. Pero luego me dijo que eran normales y eso bastó para irme tranquila.

Los griegos fueron muy inteligentes al nombrarlos: *phos, luz* (como en *fósforo*) y *phanein, aparecer, hacerse visible* (como en *fantasma*). Y desde que me contaron de este fenómeno mis ojos no paran de centellear.

Ahora detecto fosfenos. Cuando me froto los ojos, el cerebro entiende que hay una estimulación parecida a cuando te cruzas con un coche con las luces altas. Misma respuesta. Aunque siento que alguien me salpica o que la vida se pixelea, mi cuerpo me está demostrando que funciona correctamente. Debería estar agradecida.

Cuando lo comenté con amigos, descubrí que algunos (juro que normales) tratan de buscar patrones en ese movimiento. Puede ser una distracción para pasar el rato, pero suena más a efecto alucinógeno... Cada quien.

La anatomía humana no deja de sorprenderme. Total, si uno puede sentir mariposas en el estómago o escuchar violines en el alma, ¿por qué no tener fuegos artificiales en la retina?

FLAVILABAR

Acelerar la marcha del coche cuando un semáforo cambia a ámbar para no detenerse en el rojo.

¿Cuántas veces lo habré hecho y ni una sola lo he nombrado? Sí, he flavilabado más de una vez. Y más de dos. Bochorno.

Descubrí la palabra en 2014, cuando investigaba sobre el semáforo a propósito de su centenario: en agosto de 1914 se instalaba el primero, para regular el incipiente tráfico de la ciudad estadounidense de Cleveland y, entre historias y curiosidades, apareció esta palabra, *flavilabar*, definida como "acelerar la marcha del coche cuando el semáforo se pone en ámbar con el fin de no detenerse con la luz roja". Es decir, hacer lo contrario de lo que deberíamos hacer. No, no se considera infracción (si uno pasa antes de que le alcance el rojo, claro), pero digamos que no es algo para ir presumiendo.

Es un término que delata un instante, uno que se prolonga durante las milésimas de segundo que tardas en decidir si seguir acelerando o frenar de golpe, con un pie en el acelerador y la cabeza lidiando con la presión, consciente de las consecuencias. Para acto seguido darte cuenta de que aunque hayas hundido el pedal hasta el fondo terminarás detenido en el siguiente semáforo, éste ya en rojo, porque el sistema, complejo y bien pensado, está diseñado de esa manera. ¿Y quiénes somos nosotros para creer que vamos a contradecirlo?

Aunque la maniobra está muy extendida, la palabra no. Quizá por designar una actividad solitaria, no compartible. Y la palabra pagó por la fechoría: si uno indaga en su árbol genealógico, encuentra poca información sobre ella. No aparece en los diccionarios, y sólo escarbando en la red logra uno descubrir que el adjetivo *flavo*, presente en su raíz, sí existe como cultismo para referirse a un tono de amarillo que tiende al rojo, al del fuego, como el de la miel o el oro (de hecho, los nombres propios de Flavio y Flavia correspondían a los apellidos de quienes eran rubios claros). El otro elemento que la compone es el verbo latino *elabor*, que podría traducirse como *escapar*. Así que "escapar del amarillo" sería el significado de esta nueva expresión que ya adopté en mi vocabulario y que automáticamente quité de mi comportamiento: desde que la conozco ya no acelero. Como si al ponerle nombre a la acción me infundiera más respeto, más consciencia, más culpa. Todo gracias a una palabra. El léxico como método para las buenas costumbres. Nada mal.

Flavilabar me gustó tanto que durante meses fue la contraseña de mi módem, para que quien viniera a visitarme, además de lograr conectarse al Wi-Fi, se llevara una palabra nueva de regalo. Pero pasado un tiempo me cansé de deletrearla. Ahora me basta con que la próxima vez que flavilaben recuerden la palabra... La adrenalina al pisar el acelerador será la misma, créanme.

ESTELÍFERO

Lleno de estrellas.

El lenguaje marcado como poético siempre causa cierto respeto. Pareciera que una palabra usada en un contexto elaborado, metafórico y en el que se emplean términos poco conocidos estuviera reservada para los expertos de la pluma, los magos de los versos. Nada más lejos. Sofisticado y exquisito, el lenguaje poético está al alcance de quien lo quiera usar. Pero hay que conocerlo. Eso sí no es fácil, no es común ni casual. Por eso encontrarse con una de sus integrantes siempre me produce regocijo. Es un regalo lingüístico como pocos.

Esta palabra llegó por mi abuelo, que si bien no fue poeta, sí fue un soñador y así lo reflejaba también su vocabulario. En las noches estivales nos solía tumbar a ver las estrellas en el jardín. En aquella atmósfera de fantasía, nos contaba las mejores historias que puedo imaginar. Nunca supimos qué de aquello que nos narraba era cierto y qué era fabricado por su imaginación. Pero eran aventuras tan divertidas, aderezadas por palabras tan deliciosas y relatadas con tanto detalle que no nos hizo falta nunca preguntarle. Caíamos rendidos ante su magnetismo. Nos sentíamos volar entre sus letras, que parecían canciones.

Y es que el lenguaje celeste está lleno de poesía. Cuando descubrí que *planeta* quería decir *errante* porque esos puntitos rutilantes supuestamente eran los únicos que se movían en el firmamento, supe que los romanos eran unos genios. De la astronomía y de la lingüística. *Estre-lla* llegó directamente del indoeuropeo, sin ninguna modificación en su significado: *ster-* ya se refería a los cuerpos celestes que brillaban en la noche. Y era lógico que algo lleno de estrellas se dijera *estrellado*. Y bastaría con emplear ese término. Pero no, el lenguaje poético lo elevó a *estelífero*, porque el sufijo *-fero* significa *que lleva, contiene o produce* (del verbo *ferre, llevar,* presente en *fósforo* o *diferir*) y mantuvo la forma latina *stella*, que aún no modificaba y añadía la ere en un truco sonoro.

Por eso adoraba las vacaciones. Porque hasta las palabras se ponían alegres.

Y así nuestras noches de verano, de cielos despejados y lejos de la contaminación lumínica, se llenaron de estrellas y nuestros ojos brillaban. El verano entonces fue estío. La noches, el ocaso. El cielo pasó a llamarse cosmos y el jardín se transformó en un edén. Lleno de estrellas, de astros..., estelífero.

DROMOMANÍA

*Inclinación excesiva
y obsesiva por trasladarse
de un lugar a otro.*

Poto loco, diría mi amiga Vicky, la chilena. En mi caso es parte de mi naturaleza desde que yo soy yo. Empezó con mis padres, organizando viajes cada dos veranos al extranjero, para conocer otros horizontes, maneras de vivir, acentos y sabores. Continuó cada Semana Santa durante quince años, para esquiar en diferentes estaciones blancas. En cuanto crecí hice lo propio. Estudié en varios países, planeaba vacaciones con muchos kilómetros de mapa y hacía balance de los años con álbumes de fotos que llenaban mi memoria. Terminé viviendo a 10,000 kilómetros de casa.

Hola, me llamo Laura García y soy dromomaniaca.

En cuanto doy vuelta al calendario en diciembre pienso en qué lugar me gustaría visitar en los siguientes 365 días. Mis años se miden en maletas. Y disfruto el trayecto desde los preparativos. Desde hace diez años soy miembro del Combo Latino, un colectivo compuesto por una chilena, una argentina, una mexicana y una española que se dedican a reír por el mundo. Y no, no es chiste.

Todo comienza en casa de alguna de nosotras, con unos vinos, música de Jack Johnson de fondo y un globo terráqueo sobre la mesa. Hacemos una lista de destinos y vemos en cuál coincidimos todas. Prendemos la computadora y vemos fotos que nos hagan brillar la pupila. El flechazo es inmediato y en ese momento brindamos satisfechas: la siguiente expedición está en marcha.

Siguen meses para buscar ofertas de vuelos, definir fechas y apartarlas en las agendas, investigar requerimientos migratorios (todo un reto de Naciones Unidas, dada la variedad de banderas del grupo), reservar hoteles, programar vacunas, buscar amigos con alojamientos cercanos para reducir el presupuesto, marcar eventos o celebraciones que coincidan con estancias, leer guías, blogs, mapas de ciudades, transportes públicos, bajar aplicaciones para el idioma o la conversión de moneda, hacer maleta con lo mínimo y así poder regresar con lo máximo, subirse al avión... Adicción a la adrenalina.

Y cuando vuelves, repasas el viaje en conversaciones, fotos y anécdotas. Recuerdas los incidentes y las hazañas. Entonces tu mente se llena y tu corazón bombea. En cuanto pones un pie en casa agradeces la experiencia y empiezas a desear la siguiente.

Viajes cercanos, lejanos, baratos, no tanto, de playa, de montaña, de caminar sin parar, de descanso total, de deleite gastronómico, de sándwiches en la mochila, de vestidos y tacón, de chanclas y shorts, de bufandas y guantes, de trenes, de autobuses, de aviones, de Metro, visitando amigos, acumulando historias. Y en una especie de locura apasionada (*manía*) das vueltas y vueltas sin parar al planeta (*dromo*, esa pista en la que corres), porque la vida se cuenta en vueltas al sol. Y la mía, timoneada por la dromomanía, se cuenta en sellos en el pasaporte. Y cuando cierro los ojos, imagino cuál será el próximo.

DIASTEMA

Pequeño espacio entre dos dientes, normalmente entre los incisivos superiores.

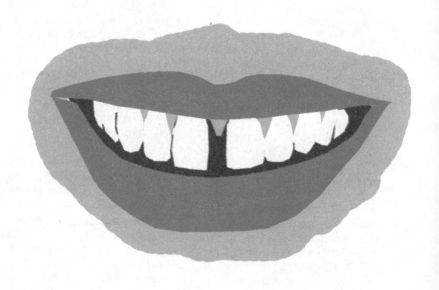

Cada quien tiene un personaje con el que descubrió la diastema. Para mí fue Luis Miguel. Con el Sol fui consciente de este espacio que parece un tubo de ventilación de la dentadura, una travesura de la fisonomía. A partir de entonces me pareció un rasgo tan peculiar y único que considero seres especiales a sus portadores. Quizá ellos hayan luchado durante años en consultorios de dentistas para tratar de enmendar lo que para muchos es un defecto, pero ahora leí que incluso hay operaciones para provocarlo y dejarte un ilustre diastema que haga más original y llamativa tu sonrisa.

Quizá la culpa la tenga la autoestima de artistas como Celia Cruz, Georgia May Jagger, Keith Urban, Vanessa Paradis, Dani Martin, Amy Winehouse, Zac Efron o Brigitte Bardot, que pasearon su singular aspecto por el mundo sin perder ni pizca de júbilo.

En mi familia materna decidieron adelantarse a las mutaciones y empezar a desarrollar cambios físicos que no tendrían otros seres terrícolas. Me explico. Desde hace varias generaciones, los Arroyo sólo tenemos dos incisivos permanentes, los frontales. La madre naturaleza decretó en nuestro caso que con cuchillos afilados y con alimentos más blanditos estaríamos bien, y por lo tanto, no necesitábamos todos los dientes. Se me cayó la mandíbula del asombro. Pero una vez vuelta a su lugar pensé en qué pasaría después de que el Ratón Pérez se llevara los de leche y me dejara tremendos huecos, ni más ni menos que en lo más visible de mi dentadura. Las muelas del juicio, como sea, pero ¡¿los dientes frontales!? Auguraba un largo futuro de ortodoncia acompañada de brackets. Sin embargo, lo que resultó fue que tuve más espacio que el resto de los mortales para que los demás dientes se sintieran a sus anchas y nunca se montaran uno sobre otro. Es más, uno de ellos nunca se cayó y ahí sigue, en mi encía, como vestigio de niñez. Es decir, mis dientes son impares.

El que salió ventajoso fue mi hermano, al que ni se le asomaron los incisivos laterales y hoy goza de una simpática diastema que hace adorable su sonrisa. Cuando supo que su herencia mutante además está relacionada en algunas culturas con la suerte, la riqueza o la fertilidad, sintió que su rebeldía para acudir al sacamuelas había dado frutos: todo un orgullo familiar. Y desde entonces sonríe ufano, dejando ver su pícaro diastema como trofeo biológico y lingüístico.

DEXTRÓGIRO

*En el sentido
de las agujas del reloj.*

Todos conocemos a alguien así:

—Disimula, la chica que te gusta está acercándose por las 5.

—Mira, ¿ves esa estrella que brilla a las 11?

—Toma la glorieta por las 9 y sal por las 6.

No es un submarino de guerra, es tu amigo el de ciencias, que dispone las cosas en el espacio como si viviéramos en un reloj gigante. Y le vale. Le vale la cara de emoji de ojos salidos que puedas poner. Le vale que vayas al volante y tengas milésimas para interpretar lo de la glorieta. Le vale si estás sudando porque no sabes por dónde te va a llegar la chica de tus sueños. Le vale si ya ves pixeleado el cielo porque tienes que encontrar *esa* estrella entre miles. Está bien que midamos todo en horas, pero subirse a las manecillas para girar por la vida me parece demasiado. Es eficiente cuando sabes que tu interlocutor habla así y entonces no inviertes segundos valiosos adivinando qué representan esos números. Pero también tienes que tener un código establecido con él porque, al entender los ángulos representados por esos dígitos, surge otra duda: si hablas con alguien a tus 2, ¿el reloj está en su dirección o en la tuya? Porque entonces sus 12 son tus 8, y sus 3, tus 11. Y esto se convertirá en un rompecabezas. O en un sudoku sin rellenar, pero evita que señalemos con el dedo y eso nos hace discretos.

Hay otros movimientos relacionados con el reloj que definimos con muchas palabras cuando podríamos reducirlos a una. Así pasa con *dextrógiro* y *levógiro*. "Gire la perilla en el sentido de las manecillas del reloj". Ocho palabras que evitan una precisa e inequívoca. ¿Por qué no la usamos? Los angloparlantes usan la suya, e incluso la entendemos: *clockwise*.

Pero a los hispanoparlantes nos cuesta decirlo por su nombre: *dextrógiro*. Un término además bastante deducible: incluye *giro*, para señalar el movimiento, y la raíz *dextro*, que significa *derecho*, como en *diestro*.

Tiene una compañera, un contrapeso que se mueve en dirección contraria, hacia la izquierda: *levógiro* (de *laevus*, aunque reconocemos más su eufemismo, *sinister*, que nos llegó como *siniestro*). Para eludir este término acostumbramos decir "en el sentido contrario a las agujas del reloj". Nueve palabras. Curioso.

Y en riesgo, pues con la aparición de los relojes digitales costará más rescatar su uso. Pero lo vale.

Ahora volvamos a la escena inicial:

—Voltea dextrógiro: la chica que te gusta está acercándose por las 5.

Aunque sea por la exhibición de contorsionismo, podemos asegurar que vas a llamar la atención de la chica. Cuestión de tiempo.

DELTIOLOGÍA

*Coleccionismo de postales.
También llamado* cartofilia.

Soy de las románticas que aún manda postales. Y amo recibirlas. Nací sin correo electrónico, WhatsApp ni redes sociales. Cuando viajo a otros países, mando besos en forma de letras. Me encanta. Guardo la postal que me escribió mi amiga Belén por una tarea; debíamos enviarnos postales como si estuviéramos en otra ciudad. En la que me mandó preguntaba por mi viaje a México. Teníamos diez años. Qué premonitorio...

A esa postal ficticia le siguieron muchísimas que han visto cómo las oficinas de correos han ido cambiando, vaciándose, aguantando, defendiendo la ilusión de quienes meten una cartulina en un buzón y de quienes sonríen al recibirla en su casa.

Suelo visitar las tiendas de recuerdos en busca de una estampa que refleje algo del lugar en el que estoy: un paisaje, un rostro, una construcción emblemática, una escena chistosa, algo ridículo... He ido variando, porque los destinatarios siguen siendo los mismos y debo seguir sorprendiéndoles. Así que cuando me voy de viaje, nunca falta la lista de direcciones postales (*para* postales) de las ocho o diez personas a las que enviaré saludos voladores.

A veces las prisas del viaje me han impedido encontrar un buzón a tiempo y he despachado las misivas desde casa (confieso aquí que las de Río de Janeiro, por ejemplo, salieron de Río Becerra, pero la intención es lo que cuenta). Pueden tardar meses en surcar los cielos; algunas nunca alcanzan su destino. ¿Dónde quedarán todos esos abrazos sin dar? Cuántas cosas no dichas podrían haber cambiado el rumbo de tantas personas... ¿Habrá departamento de letras perdidas?

Tengo una caja con cartas y postales recibidas. Es un gran testigo del tiempo. Cuando muera, alguien pasará un buen rato decidiendo qué hacer con ellas y, si las lee, también pasará un buen rato de nostalgia.

Algunos coleccionan muñecos, relojes, balones... Yo, postales. Y eso tiene nombre: *deltiología* (del griego *deltos: tablilla escrita, carta pequeña*), una de las tres colecciones más habituales en el mundo. Dime qué coleccionas y te diré quién eres. O dime qué postales mandas y te diré qué tipo de persona eres. Si no me creen echen un vistazo, por ejemplo, a *postcrossing.com* y verán.

Paso un largo un rato pensando qué escribir en la postal: el espacio es reducido y quiero provocar una sonrisa prolongada en quien me lea. Porque me leerá mucha gente; en tiempos de privacidad y candados a la información, la postal se muestra descaradamente. Y a veces, demasiado: un día mi amigo Pablo quiso levantarme el ánimo y me mandó un "guiño gracioso" a mi oficina. El vigilante de la puerta pensó que levantaría sospechas y me *sugirió* que bajara a buscar la postal antes de que la viera más gente... Digamos que el negro de WhatsApp tuvo sus antecedentes.

CRENCHA

Raya que divide el cabello
en dos partes.

Podría haber sido el hecho de que empecé a separarme de los textos para poder enfocarlos y leerlos. Podría haber sido cuando ya no cupe en esos pantalones talla 28 que siempre me compraba o incluso cuando noté lo que me costaba recuperarme de una noche de fiesta. Pero no, el paso del tiempo me explotó en el momento menos esperado.

Una sabe que se está haciendo mayor cuando tus sobrinos empiezan a enseñarte a hacer cosas. Y no hablo de cómo instalar aplicaciones para el celular. No, hablo de cosas sencillas, simples, cotidianas. En el caso de Natalia fue, ni más ni menos, que hacerme trenzas en el cabello.

No sé en qué momento pasó pero de una Navidad a otra tuve que pararme de puntillas para abrazar a esa ahora adolescente, portadora de una mata de pelo que competía con la de Rapunzel. ¡Pero si sólo fueron doce meses sin verla! Aquella señorita ahora se pintaba las uñas, diseñaba ropa y lucía unas trenzas de campeonato en su larga y hermosa melena. ¿Fuiste a la peluquería, Natalia? ¡Qué va, si se las hace ella!, se adelantó su madre a explicarme. ¿Y quién te enseñó? Veo tutoriales en YouTube, me respondió tímida.

Sentí envejecer quince años de golpe. No sólo era una experta, sino que era autodidacta.

¿Me enseñas? Claro, tía, es muy fácil. Y como prestidigitadora profesional, se sentó en el piso delante de mí, se cepilló el cabello y me explicó con peras y manzanas cómo se iba tomando mechones de cabello y se los iba entrelazando de manera asombrosa para obtener una obra de arte en minutos. Atónita.

Espera, espera, interrumpía cual tía desfasada, necesito verlo otra vez y retenerlo mentalmente. Y con toda la paciencia del mundo, se deshizo la trenza para empezar de nuevo y explicarme paso por paso. Mira, primero te haces una crencha, agarras la mitad del cabello y empiezas por la parte más gruesa... Quise llorar. Ya no era sólo la falta de destreza con el peine, es que además me estaba dando clases de vocabulario.

Es muy educada y no quiso hacerme sentir peor, pero noté que me miró como si estuviera mirando a un dinosaurio, y muy respetuosamente me señaló la raya con la que se dividía el cabello. Así lo llaman en YouTube, lo busqué en el diccionario y sí existe, no es cosa de la generación Z.

Es preciosa, ¿verdad? Sí, Natalia, como tú, como tu cabello, como tu trenza, como la idea de aprender cosas de ti, como el descubrimiento maravilloso del lenguaje y sus hallazgos.

El chiste es practicar y te termina saliendo genial.

Practicaré, lo juro. Juro que el año que viene salgo en la foto de Nochebuena peinada con una trenza, aunque tenga que sacar cita en la peluquería esa misma mañana. Pero sobre todo, veré tutoriales en internet para poder hablar con ella y buscaré palabras increíbles para regalarle algo del tamaño de su regalo de este año.

COPROLALIA

Tendencia a decir obscenidades.

Es como un acto reflejo. Bajo del avión y en cuanto piso Barajas mi vocabulario ibérico más grosero empieza a dispararse sin control. Es como si estuviera contenido aguardando ese momento para salir y explotar como fuegos artificiales. No lo puedo evitar, es una sensación de estar en casa, de recuperar algo que se extraña. Todas esas palabras que no pude usar en otro lugar porque no se entienden o emplean, de repente tienen cabida. Suena raro, pero es la señal: llegaste a tu tierra.

En México me descubrí malhablada. No es que sea vulgar, es que decir las palabras malsonantes de aquí no me suena tan mal. No hubo un adulto regañándome por usarlas de niña e incluso me hace gracia porque no dimensiono la ofensa. No me justifico, sólo reflexiono sobre ello a menudo. O al menos eso pensé cuando leí la palabra *coprolalia*. Que tenga un nombre ya es síntoma de que somos un gran número de deslenguados para los que habría que organizar una rehabilitación. ¿Por qué no fui filática, esa persona que usa palabras rebuscadas para demostrar erudición? Me sé bastantes... pero me divierto menos.

Ese prefijo *copro-*, que uno identifica por los estudios médicos que te analizan las tripas, y el término griego *lalein*, que remite al verbo *hablar*, forman un vocablo que es más propio de los niños que repiten obscenidades que oyen de los adultos, pero sin ser muy conscientes de lo que están diciendo exactamente.

En esta familia léxica hay otros miembros dignos de vitrina. La *ecolalia* es otra perturbación al hablar; en este caso, se trata de repetir una palabra o frase que ya se ha dicho o recién escuchado. La *palilalia* es más un tic, al pronunciar de forma espontánea y casi involuntaria una palabra, una sílaba o una frase sin razón. Y para cerrar el círculo (vicioso, sin duda), aparece la *ecopraxia*, con la que se imita y repite movimientos y frases de otra persona presente. Sobra decir que todos son padecimientos no deseados, salvo la coprolalia, que quizá sea la más opcional y consciente.

Esto también nos hace recapacitar sobre la dimensión emocional de las palabras. ¿Qué resulta ofensivo? ¿Dónde pinta su raya la subjetividad? ¿Qué tanto hay de cultural en juzgar un término como injurioso? Ahí entra la responsabilidad del hablante. Hay que hacer un examen individual, silencioso y anticipado de quién va a escuchar tus palabras, en qué contexto y con qué tono. Hay que anticipar las consecuencias y hacerse cargo de ellas. El lenguaje no es el culpable de los malentendidos.

En definitiva, uno elige cuándo ser malhablado, hay momentos en los que es útil y hasta sano, pero si no estás seguro del alcance de esas palabras irreverentes, mejor quédate callado, para no c*garla al hablar.

CONTICINIO

Hora de la noche
en que todo está en silencio.

Seguramente esta escena te resultará familiar: tras un día agotador fuera de casa, cruzas la puerta y llegas al hogar; te metes en la cama, lees un rato y apagas la luz dispuesto a despedir un día largo con un descanso. Cierras los ojos, te acomodas la almohada y la sábana, sonríes orgulloso de haber logrado un poco de paz y... Coches. Bocinas. Música. Risas de fiestas cercanas. Sirenas. Aviones. La televisión del vecino. Una pelea en la calle. El señor de los tamales... ¿A qué hora duerme la ciudad? No, la hora no tiene nada que ver, el ruido sigue de madrugada, sólo cambia de actores y trama. Imposible pensar en una gran ciudad que permanezca en silencio en algún minuto del día o de la noche. Salgamos de la urbe.

¿Cómo se escucha la noche más allá del asfalto? ¿Da tregua la vegetación? Rodeados de árboles y estrellas los ruidos humanos dan paso a los sonidos de la naturaleza que, si bien son más agradables, impiden el silencio absoluto. Cuando cae el sol lejos de la urbe, la banda sonora nocturna está compuesta por grillos, ramas movidas por el viento, el agua del río, las voces de búhos, lechuzas, perros, el crepitar del fuego... ¿Existe el silencio en nuestro mundo? O mejor dicho, ¿cómo y dónde se encuentra el silencio hoy en día?

A mí me inquieta la noche, sus ruidos me sobresaltan, los crujidos de los muebles y pisos cuando cambia la temperatura me angustian, y por eso decidí usar tapones para aislarme de todo y de todos. Quizá no escuche los peligros, alarmas o llamadas que debería escuchar, pero puedo admitir que a ratos he encontrado esa mudez nocturna que tanta falta nos hace. Por fin hallé mi manera de conocer el conticinio.

El término es poco conocido porque el silencio de la noche es poco usual y ha caído en desuso (la palabra y la sensación). Quizá en tiempos de los antiguos romanos la ciudad quedaba quieta cuando se acostaban y por eso crearon una voz que describiera esa calma apaciguadora. Para ello, tomaron el verbo *conticere* (*guardar completo silencio*), compuesto por el prefijo *con-* (*por completo*) y el verbo *tacere* (*estar callado*, de donde heredamos el adjetivo *tácito*), y formaron el sustantivo *conticinium*, que se empezó a usar en los cuarteles militares en contraposición a *gallicinium*, la primera hora del día, cuando el gallo anunciaba el amanecer. La naturaleza, las actividades humanas y el vocabulario se relacionaban, se complementaban, se enriquecían y convivían.

Suena el despertador. Una nueva jornada. La mañana presenta su melodía: el señor del gas, un claxon, unos alegres pájaros en la ventana, la excavadora de la construcción de enfrente, las pisadas del vecino de arriba, la campana del camión de la basura y, por supuesto, la grabación de los que compran colchones, tambores, refrigeradores... El runrún del día obliga a abrir los ojos, ayuda a salir de la cama. Atrás queda la pausa, el reposo, el silencio, la oscuridad, el conticinio... ¡Buenos y sonoros días!

CLINOMANÍA

Deseo extremo e incontrolable de permanecer en la cama. También conocido como "cinco minutos más, por favor".

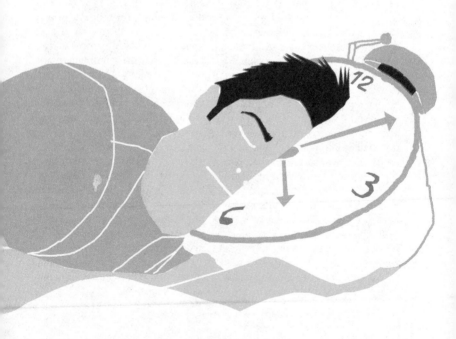

Esta lectura trae banda sonora. Para vivir la experiencia completa recomiendo poner de fondo "Hoy no me puedo levantar", de Mecano. ¿Listos? Ahora sí, recuéstense y *acompáñenme a conocer esta triste historia*. Perdón, esta frecuente historia.

Sucede cada mañana, en tu dormitorio, contigo en la cama, durmiendo. Y se repite como en bucle todos los días al sonar el despertador. Lo apagas inconscientemente, como en un acto reflejo que tiene aprendido tu brazo. Ni siquiera sabes cuál de los dos, pero logra silenciar ese molesto ruido que te sacó del mejor sueño que has tenido y del que nunca habrías querido salir. Pero alguien (¿quién habrá sido el genio?) inventó el botón de *snooze* para hacer sonar la alarma *ad infinitum*. Y llegó el drama. Supongo que la intención del botoncito era que despertaras en caso de no haberlo logrado con el primer aviso del reloj, pero para adictos a las sábanas como yo, el *snooze* se convirtió en el símbolo de la procrastinación. No dejes para mañana lo que puedes seguir soñando hoy.

El sol te atraviesa los párpados, la alarma instrumental con la que pensaste que te sentirías obligado a levantarte ya parece sinfónica, imaginas la cara de tu jefe cuando te vea llegar a mitad de la junta, piensas en el olor a café, en que es quincena, en que hoy juega tu equipo... Nada, absolutamente nada te saca de la cama.

Ahora que llegaste al final de la canción y que dejaste lo de "la resaca del champán" y "las burbujas que suben y después se van", presta atención y repite en voz alta: "Tengo clinomanía".

Sabemos que el sufijo *-manía* nos llegó del griego para poder nombrar nuestras locuras, nuestros impulsos obsesivos y nuestras pasiones, y que fue añadido a múltiples palabras con las que se llenaron consultorios de terapias varias. *Kline*, el otro término que derivó en *clino-*, también viene del griego y se podría traducir por *cama*, o más bien, *lecho*, que me parece más apropiado para la época helénica. Así que esta obsesión por la cama ya tiene nombre. Una manía más que sumar a la lista.

Si uno lee los síntomas del padecimiento, todos resultamos clinomaniacos: que meterte en la cama sea tu momento favorito del día, que bajo las sábanas te sientas mejor que en ninguna parte, que tu plan favorito del fin de semana sea ver series en horizontal, que al minuto de levantarte empieces a pensar en cuánto falta para volver a acostarte o que estés dispuesto a sacrificar gimnasio, baño, desayuno y fiestas por quedarte abrazado a Morfeo... Todo esto puede hacerte clinomaniaco, solitario y *grinch*, pero para quienes ya hicieron del catre su cueva permanente, ésas pueden ser señales de depresión. Cuidado, la línea entre el perezoso y el enfermo puede no ser tan clara.

Conocí esta palabra en un artículo de una revista de entretenimiento que, entre risa y risa, hacía un cálculo de cuántas horas —que terminaban siendo días, semanas y ¡hasta meses!— sumaban todos esos "cinco minutitos de propina" que uno pasa decidiendo levantarse. Hice la cuenta... y se me quitó el sueño.

CHIMPILINEARSE

*Entregarse con ardor
al trabajo.*

En mi pueblo los llaman *adictos al trabajo*. Los modernos los bautizaron como *workaholics,* pero en muchos lugares usan un verbo genial para describir su comportamiento: *chimpilinearse.* Y su definición es más genial aún: entregarse con ardor al trabajo. No con esfuerzo, ni con esmero, ni con afán. Con ardor. Y es que después de pasar por todos los significados de este sustantivo, se esconde una última acepción que señala la viveza, el ansia o el anhelo con los que se realiza alguna actividad. En este caso, el trabajo.

En realidad se trata de gente que disfruta mucho lo que hace, se apasiona con ello hasta la obsesión, lo cual le quita un poquito de felicidad al asunto. Si tienes que quedarte sin amigos, sin familia, sin pelo y sin nervios para hacer una carrera, difícilmente te sentirás orgulloso al final del camino. Pero si eres dedicado, cumplidor, disciplinado, buen compañero, talentoso, llegas a casa aún con luz solar y además vas chiflando por los pasillos de tu oficina, pásame la fórmula, escribimos un libro y nos hacemos ricos.

Cuando vi en el cine *Whiplash* recuerdo que me quedé varios días *metida* en la película. Es de esas historias que se te incrustan y se quedan dando vueltas en tu interior. En este caso, no sólo fue la maravillosa música que condimenta toda la trama, fue el observar cómo un propósito, un plan, una meta puede llegar a obsesionarte tanto que te invada cada segundo del día, cada poro de tu piel y, aunque te des cuenta, no puedas dejar de hacerlo. La cinta cuenta la historia de un muchacho que ama tocar la batería y da con un profesor exigente que lo lleva al límite. Pensé que en este caso quedaba perfecto el verbo *chimpilinear,* pues creo que si de *ardor* se trata, el protagonista saca a relucir todas sus acepciones. La del calor, porque suda pegándole a la baqueta como pocos; la del brillo y el resplandor, porque finalmente de lo que se trata es de brillar, en el escenario y con la frente; la de encender las pasiones, porque nadie en su sano juicio resistiría tanto rigor y sometimiento si no se mueve por tal entusiasmo delirante, y, finalmente, la de la viveza, el ansia y el anhelo, pues sin ellos uno no podría volcarse a una actividad que le exige tanto sacrificio (no olvidemos que *trabajo* viene de *tripalium*, un objeto de tortura).

Sin llegar a la literalidad del acto, a veces el trabajo sí se siente como un tormento. Más que pasarse de la raya, hay que pintarla frente al jefe y ante uno mismo, para saber hasta dónde llegar en aras de la realización, satisfacción y equilibrio. Y entonces sí, ¡chimpilinéate a gusto!

CASCARRIA

Barro o lodo que se queda seco en la parte de la ropa más pegada al piso.

Siempre me han llamado la atención esos comerciales en los que un niño (porque siempre son varones) regresa a casa de jugar y trae la ropa con unas manchas rarísimas que sólo un detergente concreto (el del comercial, curiosamente) puede quitar. Les juro que yo jugaba futbol con mis amigos en la Primaria. También al baloncesto y al voleibol. Por supuesto, me tiraba al piso peleando el balón en las mejores jugadas e imitando a Van Basten, Platini, o Maradona (nací en los años setenta...), pero jamás, jamás, recuerdo haber tenido manchas como las de los comerciales de jabón.

Lo que sí traía era una cantidad de lodo en los tenis y en los bajos del pantalón que mi madre me desvestía en la escalera antes siquiera de poner un pie en la casa. "Me gustaría saber cómo le haces para ensuciarte así, no lo puedo entender", y yo trataba de explicarle que la pasión no se podía limitar, que cuando llovía la tierra se convertía en lodo y que había que darlo todo por ganar los partidos. Vanos intentos por justificarme (intuyo que no alcanzaba a escuchar lo del final porque se alejaba por el pasillo hablando con alguien imaginario mientras caminaba a la lavadora). En mi defensa diré que el terreno de juego no era precisamente de los que cumplían la normativa de la FIFA ni aspiraba a recibir una final de Champions. Nos preocupaba más aumentar el marcador que el regaño en casa.

Pero ahora entiendo a mi madre y puedo imaginar su cara al ver la ropa y su sentir al tener que lavarla. "Se le dice *cascarria*, para que al menos sepas cómo se llama. Si no te acuerdas, recuerda que me hace poner *cascarrabias* y verás como no se te olvida." Y terminaba la frase riendo, porque mi madre no podía enojarse, es de esos seres que nacen con una sonrisa en la boca y la contagian por donde va. Pero funcionó, no se me olvidó.

Cascarria tiene que ver con *zarrapastroso* y su raíz *zarpa*, que al igual que *cazcarria* (con zeta), aludía al barro o lodo en los bajos de un vestido o en los pies descalzos, y aunque no está demostrada la relación, hay una acepción del verbo *cascar*, que significa *dañar o estropear algo*.

Y en aquellas tardes de goles sí se estropeaban varios uniformes. Ahora ya un poco mayor, la cascarria se adhiere a mis pantalones en mis caminatas por el monte, mis carreras cruzando parques en días de lluvias torrenciales y en las visitas al taller de cerámica de mi amiga Isadora. Ahora soy yo la que pasa un buen rato en el lavadero tratando de rescatar prendas, pero eso no resulta dañino. Ahora volteo hacia atrás y me doy cuenta de que arrastro varios esguinces, le di mucho trabajo extra a mi madre y sigo preguntándome cómo podría uno ensuciarse como en los comerciales. Me dan ganas de escribir a las agencias de publicidad y pedirles que cambien esas manchas posadas por una imagen de mi madre sonriendo y diciendo ¡*cascarria*!

CALIPEDIA

*Arte quimérica
de procrear hijos hermosos.*

Érase una vez, en un reino muy lejano, una reina obsesionada con la belleza, que se hacía aconsejar por seres muy extraños. Todos los días le preguntaba a su espejo: "Espejito, espejito, dime una cosa, de todas las mujeres de este reino, ¿quién es la más hermosa?". El espejo respondía: "Usted, majestad, por supuesto, nadie la iguala en belleza". Ella se quedaba contenta y seguía con sus asuntos de palacio.

Un día el espejo la agarró en curva, y ante la misma pregunta contestó que ahora había una mujer, no una, sino mil veces más hermosa que ella: su hijastra, Blancanieves, que ya estaba crecidita y se había convertido en buena moza. Imagínense el disgusto de la reina: años de tratamientos estéticos, de no lavar ni un traste para no romperse ni una uña, y ahora en su propia casa le estaban haciendo la competencia. Puñalada de las grandes. El resto del cuento ya se lo saben. Aparecen la rueca, los enanos, la manzana, la bruja, el sueño profundo, el príncipe y el final feliz. Salvo para la reina. Pobre, no sólo la destronaron del título de Miss Disneyworld, sino que nunca supo que no podía hacer nada al respecto: la calipedia es invencible.

No me queda claro si lo quimérico de la calipedia es porque la belleza es algo subjetivo. Seamos sinceros, ninguna madre se atrevería a decir que sus hijos son feos, ni aunque les hayan tapado la cara al salir del hospital, como hizo la mía. No la culpo: nací bizca, con mucho pelo y todo de punta, y como me hicieron heridas en la cabeza al sacarme me rociaron con merthiolate. Vamos, el orgullo de la madrastra de Blancanieves... Y dicen que todos los bebés son lindos, ajá. Tendré la letra bonita, la caligrafía (con el mismo *kallos* griego en la raíz, para indicar lo bello), pero la paidología no engaña (*paidós*, niño, la otra componente de esta palabra); esta ciencia que estudia todo lo relativo a la infancia, su buen desarrollo físico e intelectual le echó más ganas a otros aspectos.

Tampoco tengo claro si es algo que perdura o tiene caducidad, como el hechizo de Blancanieves, es decir, si el niño que nace bello no padecerá los incómodos cambios de la adolescencia, o al contrario, si un niño no tan agraciado pero que coma bien, haga ejercicio y use muchos productos cosméticos podrá convertirse en un zagal de buen ver.

A la famosa madrastra del espejo se le habrían parado los pelos si hubiera tenido que visitar una clínica de fertilidad, donde ahora, gracias a las bases de datos, puedes elegir el sexo del bebé, su color de ojos, cabello, piel, estatura y quién sabe cuántas cosas más. Calipedia sobre pedido.

Y si se trata de un arte, tal vez sea sólo cuestión de buscar buenos profesores, estudiar mucho, practicar sin mesura y echarle muchas ganas para dominarlo. Si no lo logras, al menos habrás cursado unas muy buenas y aleccionadoras materias, que seguramente no habrán sido en balde.

BORBORIGMO

Ruido intestinal producido por el movimiento de gases en su interior.

Por fin le sacaste cita a tu amor platónico, que aceptó ir al cine contigo. Mueres de felicidad. Estás en la sala, a oscuras, tu corazón palpita. Por la compañía y por la trama. Escena culminante de la película, tensión a tope, ni las palomitas se mueven de su caja. A punto de desentrañarse la acción, el silencio se rompe con el ruido de tus tripas. Esa hamburguesa extragrande fue demasiado.

Todo el mundo llora en el velorio. La muerte del profesor Ricardo ha sacudido a sus alumnos. La tristeza inunda sus corazones. Entran a la sala sus hijos. Los asistentes quedan inmóviles. Se paralizan. Nada podría ejemplificar mejor la expresión "silencio sepulcral". Y de repente... tus tripas. Este ayuno te tiene sin fuerzas y, ahora, apenado.

Hoy visita la escuela tu escritor favorito. Finalmente podrás preguntarle por qué mató al personaje que más te gustaba. Todos parecen sufrir la misma ansiedad que tú. Nunca habían estado tan bien portados en tu salón. La expectativa es enorme. Ni un carraspeo, ni una tos, ni un estornudo. Solo... tus tripas. Esa infección que no se va...

Tu tía Paquita quiere consentirte hoy y cocinarte esas lentejas que tanto presume pero que tú no terminas de disfrutar. No sabes cómo declinar la invitación y no quieres confesar que no te gustan. Se te ocurre decir que ya has comido algo en el camino, cuando de repente tus tripas te delatan y te reclaman que no has probado bocado desde hace horas.

Borborigmos, borborigmos, borborigmos. Decirlo en voz alta es como imitar el sonido. Ese molesto compañero que aparece sin haber sido invitado.

Da igual si eres niño, presidente de una compañía, secretario general de la ONU o juez a punto de dictar sentencia. Los intestinos no discriminan, no eligen el momento ni esperan tu permiso. Incontrolables, incómodos, indiscretos... Espera. Respira. Haz las paces con ellos, porque también son mensajeros necesarios. Sí, al rugir te dicen "Come" o "Ve al doctor". Son una llamada de atención, un aviso de que tu estómago está vacío o de que tu aparato digestivo no anda bien y necesita ser atendido. Y como el cerebro les queda muy lejos, se contraen para que al moverse produzcan ruido y te enteres. Se siente como traición, pero resulta muy eficiente.

Los antiguos griegos ya escuchaban estos ruidos bajo la toga. El mismísimo Hipócrates, conocido como el padre de la medicina, los describía y estudiaba en el siglo V a. C., y precisamente en la Antigua Grecia se originó este término, como onomatopeya. El verbo *borboryzein* significaba *hacer ruido* y venía precisamente de cómo se escuchaba ese sonido.

Yo los considero una voz de la conciencia, que quiere cuidarme y me susurra: "¿Qué te costaba cargar una barrita en la bolsa?". Y me hace sonreír. Y comer.

BOQUEREL

Boca o entrada de una manguera con la que se regula el paso del fluido.

De niña me encantaba ir al a gasolinera. Bajaba la ventanilla y aspiraba el olor a bencina. ¿Cómo encontraba placer en algo tan desagradable que provenía de una sustancia negra, viscosa y pringosa? Años después me enteré de que a la gasolina le añaden compuestos aromáticos para que jovencitas como yo asomemos la cabeza del auto y acompañemos felices a papá a llenar el tanque. Supe que Volkswagen había sacado una fragancia con olor a gasolina. Había oído del perfume con aroma a libro y se me antojaba, pero rociarme como pirómano me parece excesivo. Después de saber que la compañía automotriz también vende embutidos y que facturan más con las salchichas que con los coches, ya nada me sorprende. Algo ahí no huele bien.

Cumplidos los dieciocho y ya al volante, me dejó de parecer atractivo llevar impregnada aquella esencia en los zapatos, pantalones y manos. Sí, en España dejó de haber empleados y cada quien se surte la gasolina en un *autoservicio* que deriva en un *autodesastre*. Y mira que en aquellos tiempos aún no llegaban los celulares que podían explotar si hablabas por teléfono mientras pasabas por combustible. Aun así, repostar sigue siendo un reto si uno debe hacerlo. Primero hay que ver en qué bomba suministran la gasolina que lleva tu coche (de las múltiples variedades multicolores que hay), luego dudar de si hay que pagar primero o empezar con el abastecimiento, aprenderle al aparato y sus botoncitos para marcar la cantidad, deprimirte con los precios, acordarte de cómo diantres se abría el tapón del coche y, finalmente, enfrentarte al gran momento: descolgar la manguera del surtidor y emprender la guerra contra el artilugio metálico que te desafía a unos metros.

Y ahí está, ese conjunto de piezas que parecían dormidas cobran vida y, de buenas a primeras, se convierten en una víbora que danza hipnotizada al ritmo de una flauta.

El boquerel, esa *boca* que vomita carburante, parece la cabeza de un monstruo que saca gasolina del subsuelo para alimentar tu máquina, pero está cuidadosamente diseñado para que controle la salida del líquido de la manguera. Eso sí, es tan pesado y rígido que el día que logre devolverlo a su lugar sin mancharme ya podré considerarme la Mujer Maravilla.

Pasa igual con las mangueras de los jardines, sólo que ahí escupen agua y el juego es más divertido (salvo si estás en invierno). En este caso el boquerel es más pequeño y manejable, por lo que puedes sentir el paso del agua y dominar los brincos de la manguera (casi) sin contratiempos. ¿Cómo le hacían antes para cerrar el paso del fluido sin tener que enzarzarse en una batalla contra el tubo? Fácil: caminaban hasta la llave. O le gritaban a alguien colocado junto a la llave.

También aplauden esta creación los bomberos, los lavaplatos en los restaurantes o los científicos que tienen que medir minuciosamente las cantidades de líquido que van a usar en ensayo o prueba. Lo dicho, un gran objeto, con un nombre a pedir de boca.

BOMBOROMBILLOS

A horcajadas, sentado sobre los hombros de alguien con una pierna a cada lado de la cabeza del que lo sostiene.

Sí, lloré cuando supe de la muerte de Michael Jackson. No me da pena confesarlo; era mi ídolo y con él se moría también una parte de mi adolescencia. No fue tristeza ni ojo Remi, no: lloré a moco tendido en pleno pasillo de la televisora donde estábamos grabando. Es imposible olvidar esa famosa escena del helicóptero trasladando su cuerpo de su casa al hospital.

Yo moría por Michael Jackson en Primaria. Tenía todos mis libros de texto forrados con sus fotos, aprendíamos sus coreografías cuando salíamos de clases y no me despegaba de la pantalla en espera de que MTV pasara alguno de sus videos. También fue la primera gran estrella que vi en concierto. Aquella noche del 8 del 8 del 88 quedó grabada en mi memoria para siempre. Hasta mi madre me cosió un vestido para estrenar ese día. Tenía doce años y asistí con mis padres. Fue mágico. Esa noche no podía dormir de la emoción que sentía, y hasta lloraba temiendo olvidar ese día con el paso del tiempo.

Cuatro años después volvería al estadio Vicente Calderón. Aquella ocasión fui con amigos y mi locura juvenil se desató. Esperé durante horas en las orillas del río antes de que abrieran las puertas y corrí por las entrañas de cemento para llegar antes que nadie a las filas delanteras. Para cuando empezó el concierto llevaba horas bajo el sol, de pie, sin comer y sin ir al baño. Todo con tal de estar cerca de él. El corazón se me salía del pecho y mis gritos competían con los decibeles de la guitarra de Jennifer Batten. Éxtasis.

Luego llegaron los empujones, los saltos en las canciones más movidas, las avalanchas y la emoción desbordada. Para cuando sonó "Wanna Be Startin' Something", mi presión se desplomó y me desmayé. Una muchedumbre se encargó de sacarme en volandas y me soltó en el foso que separaba al Rey de los fanáticos. Estuve a tres metros de Michael Jackson... pero inconsciente. Desperté en una camilla dentro de una tienda de campaña tras el escenario donde "escuché" el resto del concierto. "La próxima vez, que te carguen en bomborombillos", me dijo un paramédico con una jeringa en la mano. Yo ya estaba demasiado drogada y decepcionada como para preguntarle qué quería decir, pero mi cara debió hablar por mí porque el enfermero aclaró: "Ya sabes, en los hombros de alguien. Consigue un novio alto y no tendrás que estar cerca para ver el escenario".

Bom, bom, bom, así retumbaban los graves en mi cabeza. Y con esa sensación logré recordar la palabra al llegar a casa. Sonaba perfecta para algo relacionado con la música, con los conciertos. La palabra tenía ritmo, me hacía bailar. Me encantó.

Volví a ver a Michael Jackson una tercera vez. Fue y será la última. Aquella gira del 96 no pasó por Madrid, así que mi prima Bea y yo tomamos un tren hasta Zaragoza para bailar desde la grada. Sin desmayos, sin novios altos, sin bomborombillos, pero con harto ritmo en el cuerpo.

BLÍSTER

Soporte de cartón o aluminio opaco sobre el que se pega una lámina de plástico con cavidades en las que se colocan medicamentos de forma individual.

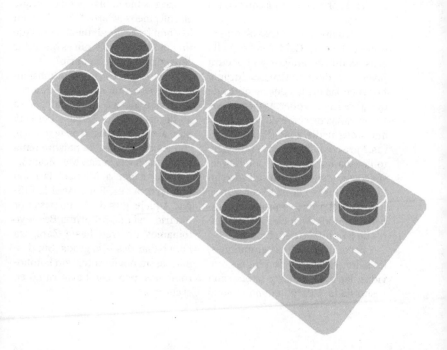

El paso del tiempo no solo se mide en arrugas y kilos. Tu cuerpo y tu entorno tienen indicadores muy curiosos para demostrarte que la juventud se agota. Tu mesita de noche puede ser una de esas muestras. Solías ocuparla con el cargador del celular, libros, aspirinas para la cruda y preservativos para las noches de fiesta. Poco a poco estos bonitos elementos se fueron arrinconando para dejar paso a las cremas para las *líneas de expresión* (bonito eufemismo...) y todo tipo de pastillas para dolencias que van cambiando cada día (deja tú los efectos del alcohol, ahí vienen los estragos de la comida copiosa, los bailes en la pista y la falta de sueño). El abanico es variopinto: antiinflamatorios, analgésicos, antibióticos... La oferta se amplía con los cumpleaños. Tu cajón se convierte en una sucursal de las farmacias similares y tu reto diario consiste en saber cuándo tomarte cada una, no saltarte una toma y no confundirlas entre sí. Para las personas que empiezan a perder la memoria ha de suponer un desafío diario, pero para ello la industria ha inventado todo tipo de artilugios que te hacen esta labor un poco más fácil. Un poco.

Tenemos pastilleros de colores, con espacios identificados con los días de la semana, con formas y materiales atractivos y divertidos, como si medicarse se fuera a convertir algún día en un juego. El caso es que funciona, y seguramente se haya evitado más de un desastre desde su aparición en el mercado.

Otro gran invento de la industria farmacéutica es el blíster, un anglicismo con el que se bautizó a este empaque que llegó para quedarse. Se trata de un acortamiento de *blisterpack*, como lo llaman los angloparlantes, pues *blister* se traduce como *ampolla*, y aunque no nos gusten los préstamos, no hemos encontrado una mejor manera de llamarlo con algo que suene menos extranjero. Surgió la necesidad y todos adoptamos la palabra sin rechistar.

Parece resultar más económico para vender medicamento que un frasco de vidrio y se puede ir recortando para ir reduciendo su tamaño a medida que vas consumiendo la medicina y con ello se evitan las sobredosis si uno olvida que ya se tomó su gragea. Y aunque suene a comercial tengo que admitir que lo que más me gusta de estos plastiquitos es que me facilitan saber cuántas dosis me quedan antes de correr a la farmacia, pues lo de sacudir el frasco para calcularle no parecía tan preciso.

Aunque en realidad el blíster sirve también para otros productos, como focos, plumas, cepillos de dientes u objetos coleccionables, sin duda el del propósito medicinal es el más común. Y nos pone a todos a hacer el famoso *push through*, como se le dice a la acción poco nombrada de apretar cada cavidad para sacar el medicamento. Eso sí, más de una vez he exagerado con la fuerza y he abierto más de una burbuja, con lo que he truncado la efectividad del empaque. Nadie dijo que fuera perfecto...

BAZUCAR

*Batir un vaso para
remover su líquido.*

Típico. Se acerca Navidad y empieza el estrés. Y las causas son siempre las mismas: dónde pasarás las comidas y cenas importantes, cuándo comprarás los regalos y, por último, hacer los preparativos de viaje, porque siempre hay alguno. En medio de todo esto, los malabarismos para lidiar con posadas, cenas, despedidas, piñatas, ponches, cobros, pagos, el tráfico decembrino, las aglomeraciones...

Cuando crees haber resuelto todo eso, aparece aquella lista de propósitos que redactaste hace un año y sigue intacta. La ansiedad se apodera de ti. Quisieras regresar el tiempo pero no, faltan días para terminar el año y no has cumplido ni uno. Ni uno. Juras hacer mejor la lista el próximo año, ser más realista y cambiar *viaje a Japón* por el más necesario *arreglar cajones del dormitorio*, y el *adelgazar diez kilos* por el más alcanzable *hacerme análisis de sangre*.

Mientras lees tus anhelos (más que propósitos) y piensas nostálgico en tu deseo de subir al Iztaccíhuatl (¿en qué estabas pensando?), decides elegir uno, el más viable, para llegar a las uvas con una meta lograda y una línea de esa lista tachada. Analizas todos y encuentras el único terrenal: cocinar. ¡Zas! Depositarás tus esperanzas de ser mejor persona que hace 365 días en una promesa ridícula que seguramente hiciste pensando en equilibrar la dieta.

Le quitas el envoltorio al libro de cocina, lo abres en cualquier página y emprendes la primera receta que aparece. Compras los ingredientes y sacas utensilios que ni sabes para qué sirven. Tarde, sí; desprevenido, jamás.

Sigues las instrucciones. Pones música y hasta te vistes como si estuvieras en MasterChef, que para eso te has chutado todos los episodios. La cereza del pastel es un trago coqueto con el que aderezas la épica ocasión. Todo va bien hasta que llegas al paso número 7: "*Bazucar* lentamente el contenido hasta disolver". Ah, caray, la bazuca. Ésa no la metiste en el carrito del súper. Tenías en mente una tarde más pacífica.

El trago coqueto ha hecho su trabajo y a esas alturas ya te has convertido en heredero de Celia Cruz. Ni te alteras; sigues bailando. Acudes veloz al diccionario (la gesta debe seguir y ya hay cosas en el fuego), pero no puedes evitar ver qué dice del origen de aquella palabra. No encuentras gran cosa, sólo que *bazuco* deriva de *base*, una droga similar al crack. Menudo banquete. Decides posponer las etimologías para mejor ocasión.

Bates, agitas, mueves la cadera y llamas a tu madre, que por algo te regaló el libro. Terminas la receta, satisfecho porque cumpliste *uno* de tus propósitos y hasta aprendiste una palabra. Después limpiarás la cocina. Lo que harás ahora será una lista más alcanzable. Otro propósito. Y otro trago, que para eso estamos en Navidad. *¡Bazúúúúúúúúúúcar!*

P.D.: cualquier parecido con la realidad es mera coincidencia.

BARBIQUEJO

Correa que sujeta una prenda
de la cabeza, un sombrero
o casco, por debajo de la barbilla.

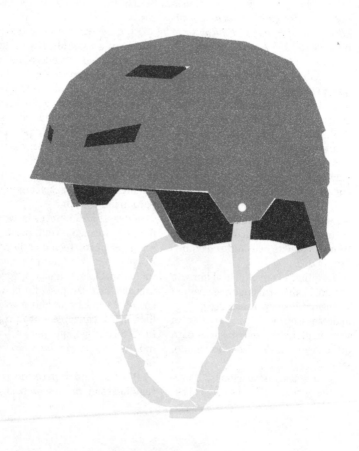

Un ciclista corre el sprint final. Después de una dura etapa de 237 kilómetros que incluyó fuertes subidas a dos puertos de montaña, la línea de meta parece un verdadero oasis. Varios corredores disputan la corona. A escasos metros de la llegada el casco del líder de la carrera se suelta por la velocidad. Se estrella en la bici del competidor que le persigue. Ambos pierden la concentración, la velocidad y la etapa.

Un soldado corre entre matorrales, rocas y zanjas. Las bombas enemigas explotan sin cesar. Va cargado y no hay buena visibilidad; no puede prever el siguiente paso, lo mueve la supervivencia. Todo es incertidumbre, caos, ruido, confusión. Brinca, se cae, se arrastra, corre, retrocede. Pierde el casco. Su cabeza queda desprotegida. Su vida, también.

Un campesino suda bajo un sol que no da tregua. Tiene que terminar de cosechar al mediodía. El campo impone su ritmo, su horario, sus reglas. La espalda se queja, pero no hay tiempo para detenerse, mucho menos para sobarse. Su sombrero amortigua un poco las altas temperaturas, pero su agachadera hace que tenga que sujetarse con una mano su cono de paja constantemente. Pierde tiempo y frutos.

Un bombero logra meterse en el edificio en llamas después de subir los muchos peldaños de aquella escalera tambaleante. Hay un anciano que no ha logrado salir a tiempo y hay que sacarlo de ahí antes de que sea tarde. El humo y la oscuridad dificultan su tarea. Una viga se desploma a centímetros de su hombro. Alcanza a librar el golpe pero su casco cae junto con la escalera que une los pisos del inmueble. La caída del casco por el hueco de la escalera hace caer sus esperanzas también.

La marquesa hace entrada en el salón de recepción. Saluda a los anfitriones en el besamanos y sale al jardín con el resto de invitados. Estos actos la tensan; por mucho que trató de mentalizarse no logra deshacerse de la idea de que hoy comienza una nueva etapa en su vida. Se apoya en el barandal para disfrutar de la vista y tomar algo de aire. Pero esa misma brisa que le llena los pulmones de tranquilidad es la que le arrebata su sombrero, tan hermoso, tan ligero... tan volátil. Cuando todo parecía estar bajo control, su paz sale volando con las alas de su tocado.

Todos estaban preparados para cada situación y, sin embargo, en un momento crucial algo les falló. A todos los dejó expuestos su sombrero o su casco. Les faltó una pieza básica: el barbiquejo.

No sé si este acierto surgió con las prendas o cuando se dieron cuenta de que había que garantizar que el casco no se moviera o que el cubrecabezas no saliera por los aires. Una sencilla cinta que se amarra bajo la barbilla y el *quejo*, esa otra forma de llamar a la mandíbula. Lo que sí sé es que lo celebro y ¡me quito el sombrero por el invento!

BAQUEAR

Navegar al amor del agua cuando la corriente supera en rapidez a la que el viento le daría impulso a la nave.

Hay palabras que gustan por su significado; otras, por su sonoridad; y otras, por algo que te une a ellas. *Baquear* me gusta por cómo está definida. ¿No es una ternura pensar en el *amor del agua*? Navegar *al amor del agua*... ¿Qué ritmo será ése? Uno piensa en amor y automáticamente se pone en versión cursi, romántica y dulce. Pero hay de amores a amores. ¿Qué tal esas relaciones apasionadas, impulsivas, tormentosas e indómitas? ¿Cómo surcaría los mares un barco así?

Lo que está claro es que tiene que ser un velero, porque con motor o con remos, ahí el amor sale sobrando. Al menos el del agua.

Qué sensación de libertad, de misterio y de confusión al dejarse llevar por la corriente, una que se mece suave en medio del océano, una que parece no avanzar a falta de referencias en el horizonte, una que se deja gobernar por las cambiantes e impredecibles leyes de la naturaleza. Una que compite consigo misma: la corriente contra el viento. La velocidad del agua frente al aire. El casco versus las velas. Eolo contra Poseidón. Ehécatl contra todo un escuadrón formado por Atl, Amimitl, Chalchiuhtlicue y Atlacamani. El amor sin más. Rayando ya la orgía, vaya.

Pero la embarcación logra flotar llevada por todos los elementos y fuerzas que la impulsan. En este idilio no suenan los violines: para baquear se usan *baquetas*, para tocar los tambores y para alistar los cañones de un buque de guerra. Porque al amor no se puede llegar desarmado. Porque a veces se tienen que librar grandes batallas, contra viento y marea.

La terminología marítima siempre me ha parecido una tarea imposible. Cuando crees haber dominado *estribor, babor, proa* y *popa* sin hundir el barco, salen mil piezas en mástiles, cubierta y galeras que ponen a prueba tu capacidad de retención. Menos mal que están los capitanes y marineros.

Y es que cuando el hombre se cansó de conquistar la tierra quiso probar a aventurarse al mar. Ahí había comida, y seguramente habría mundos por descubrir al otro lado. El flechazo entre el ser humano y el agua fue instantáneo y pronto inventarían formas de transportarse, de permanecer sumergidos el tiempo deseado, de divertirse sin caer en el abismo. Y la relación fue creciendo, se fue consolidando, pasaron sus crisis, se lastimaron, se dieron cuenta de que se necesitaban, se alejaron, se reconciliaron, se amaron y vivieron felices, navegando al amor del agua, baqueando como peces en el agua, esperando llegar a buen puerto.

ASURAR

Quemar un guiso o alimento en una cacerola o recipiente puesto al fuego, por falta de jugo o humedad.

Nadie podrá negar que la gastronomía vive uno de sus momentos más felices. De un tiempo a esta parte televisión, comerciales y librerías se han llenado de recetas sofisticadas, platillos modernos y chefs en potencia que a golpe de cuchillo y tenedor nos contagian el amor por la cocina.

Comer siempre hemos comido. Ingredientes con los que hacer magia siempre ha habido. Buenos cocineros y talento para ponerle sabor a la vida, también. Lo que no imaginábamos era que las competencias de cocineros nos enseñaran, además de los guisos, una nueva forma de hablar de ellos. El vocabulario culinario pasó de ser propiedad de los reyes de las ollas y sartenes a ser de dominio público. Antes bastaba con incluir en la conversación un *soufflé*, un *al dente* o un *à l'orange* para parecer un experto. Ahora niños y adultos por igual usan sin pestañear términos como *cincelar* (hacer incisiones en el pescado para facilitar su cocción), *emplatar* (poner un guiso en el recipiente en el que se servirá en la mesa), *inducción* (tipo de cocina que calienta directamente el recipiente mediante campos electromagnéticos en lugar de por resistencias), *molecular* (tipo de gastronomía en la que se aplica la ciencia para su práctica), *emulsionar* (mezclar dos líquidos que en principio son incompatibles entre sí) y *napar* (cubrir un guisado con una salsa espesa).

Y una, que todavía sigue peleando con las cantidades de sal, volviendo un sitio de guerra todo centímetro de la cocina cada vez que se propone sorprender a los invitados y tratando de descifrar la receta del flan de la abuela que nunca dejó escrita, celebra este banquete de palabras y este interés en saber cómo nombrar todo aquello que hasta da pena comerse de lo rico que se ve.

Por eso cuando me topé con la palabra *asurar* no daba crédito a que, a estas alturas de la vida, no se hubiera aparecido antes en mi menú. Máxime si me he titulado con honores en el arte de quemar la comida. ¿Cómo era posible que luego de asurar algo tan común como las lentejas, las papas o la pasta, no me hubiera preguntado por el verbo que define una acción igualmente común?

La acción es habitual en casa de la señorita García: se esmera en la cocina, sonríe satisfecha, deja el fuego encendido y sale dispuesta a aprovechar el tiempo de espera trabajando, bañándose, hablando por teléfono... hasta que un olor a chamuscado empieza a invadir el edificio. Entonces deja lo que está haciendo y vuela a comprobar que, una vez más, asuró su comida irremediablemente.

Asurar viene de *arder*, en latín, y yo ardo en deseos de que la próxima vez que piense en esa palabra me ría de un viejo hábito, no como ahora, que sigo acompañando mi carrera a la cocina con un ¡noooooo!

No llegaré nunca a ser chef, pero soy una amante de las palabras, así que descubrir que mi torpeza se define con un verbo tan singular fue para mí un buen consuelo mientras llamaba a las pizzas a domicilio.

ARREBUJAR

Cubrir por completo el cuerpo y envolverlo con ropa de cama.

Hogar. Para el diccionario este concepto designa la casa o domicilio de una persona. Para la mayoría de nosotros significa además la seguridad, la estabilidad y la paz. Dentro de esas cuatro paredes y ese techo uno se siente a salvo del exterior, libre para quitarse todos los pesos de encima y arropado para descansar y recargar pilas para lo que tenga que venir al salir de ahí. No es casualidad que hogar también se defina como el lugar donde se hace la lumbre en las cocinas. El hogar es calor y calidez.

Por supuesto el primer hogar siempre es y será el familiar, donde uno nace y crece, donde viven los padres, los hermanos, la infancia y la adolescencia, donde uno se forma, se hace, decide qué ser y se lanza a serlo. Por eso, aunque uno salga, vuele, avance y se mueva, volver a la casa parental siempre implica recuperar esa protección, esa armonía, ese equilibrio. La casa de los padres siempre será *casa*. Ahí comeremos siempre rico, recibiremos consejos, nos regañarán, reposaremos nuestras fatigas, acostaremos nuestros pesares y dormiremos nuestros miedos. Una mano apagará la luz y otra correrá las cortinas para empezar un nuevo día. Siempre habrá una mano que nos acaricie, una voz que nos desee felices sueños y unos brazos que nos abriguen.

Y a donde vayamos, donde nos acostemos trataremos de emular este momento para volver a sentir esa paz al irnos a dormir. Nuestra madre nos arrebujaba de niños. Con ese gesto nos decía "Aquí estoy, aquí estaré siempre", nos prometía calor y sosiego. Cuando ya no está ella para hacerlo, son nuestras manos las que siguen sus movimientos imitan

do esa acción para rememorar esos sentimientos.

Uno se mete en la cama y se envuelve en las sábanas, las arrima al cuerpo, las aprieta contra el cuello, se cubre por completo, cierra los ojos y se hace bolita. Vuelve al hogar. A sentirse a salvo, en paz.

La palabra *arrebujar* tiene una larga lista de familiares que se han ido pasando la estafeta, añadiendo elementos hasta llegar a su forma final; como un envoltorio que uno empieza a abrir para descubrir qué hay en su interior.

En el medio de todo ese papel se encuentra *burujo*, que en su versión latina significaba *envoltura*. Se fueron sumando sufijos, desinencias y demás para crear toda una parentela: *burujón*, su aumentativo, que dio lugar a *reburujar*, envolver o cubrir algo haciendo un burujón, un bulto; *rebujo*, envoltorio que sin orden se hace de papel; *rebujar*, envolver o cubrir algo... para sentirse arropados y algo confundidos con la pronunciación. Pero tan divertido como desenvolver un regalo y tan entrañable como arrebujarte bajo las sábanas en una noche fría y a punto de entregarte al mundo onírico. ¿Se puede soñar algo mejor?

ARREBOL

Color rojo de las nubes cuando están iluminadas por el sol.

Ésa era la mejor hora del día, definitivamente. Competía de cerca con la silenciosa hora de acostarse, o la del alba, tan tenue, tan callada. Pero no, después de pensarlo muy bien, el atardecer y sus colores celestiales no tenían parangón. Desde que me había mudado a ese departamento, aquella vista vespertina se había convertido en el mejor mirador de la ciudad. Del día. De mi vida.

La puesta de sol sobre las montañas, las tormentas veraniegas y los tonos grisáceos de las nubes al descargar su furia acuosa sobre la ciudad formaban toda una paleta multicolor que cerraba el día y antecedía el crepúsculo. Y como si se tratara de una alarma, cada día detenía toda actividad para apoyar mis brazos sobre el borde de la ventana y contemplar semejante espectáculo. Y nunca era el mismo. Ni me hacía sentir igual.

Tengo la memoria del teléfono saturada con cielos de todos los tonos rojizos y anaranjados imaginables. Algunos interpretan los arreboles para adivinar el clima del día siguiente, pero a la mayoría nos dejan embobados y con el cuello lastimado por no poder dejar de admirarlos. Debo confesar que esa escala de azafranes me trasladaba directamente a los atardeceres sobre el río Manzanares de Madrid, que si bien no es el más caudaloso ni característico de la ciudad, ofrece los mejores horizontes. Justo en uno de esos paseos a lo largo de sus orillas aprendí esa palabra: *arrebol*, que a mí me recordaba más a las mejillas que al cielo, pero que en ambos casos guarda su raíz latina *rubeus,* para revelar su color rojizo (como en *enrojecer,* como en *pelirrojo*).

También en esas caminatas por la ribera, que años después se llenaría de canchas de futbol para niños, pistas de patinaje, parques, puentes, jardines y terrazas de horchata y helados, descubrí que muchos de los nombres que le damos al cielo o a partes del día tienen que ver con los colores, con la tonalidad que les da la luz del sol: el amanecer, el atardecer, el arcoíris, las auroras, el alba, el ocaso... Todas son palabras que definen momentos concretos del día determinados por la luz que en ese instante otorga unos colores concretos. El paisaje es el mismo, da igual quién o qué pase por delante, lo que cambia es la luz, la intensidad de los colores y nuestra forma de verlo. Y de nombrarlo.

Y arrebol es de las menos conocidas y, sin embargo, de las más bonitas. Guarda esa belleza que conservan las cosas menos desgastadas (no perdura y pocos minutos después de aparecer todo oscurece y se termina el día). Es ese instante que nos hace querer volver a casa a descansar, después de la jornada, una en la que cupieron todos los colores. Quizá por eso, desde entonces miro al cielo en las tardes, tratando de buscar ese rojo anaranjado que me regrese a casa cada día.

APORCAR

Amontonar la tierra de una maceta alrededor de los troncos o tallos de una planta.

Dedicar tiempo a la jardinería me relaja. No tengo jardín (ni siquiera balcón), pero tengo mi departamento lleno de plantas. Agarrar la regadera suele convertirse en uno los momentos más gozosos de la semana y me descubro cantándoles a los helechos y hablando con las palmeras como si fueran mis *roomies*.

Cuando era niña pasaba los veranos en una casita de campo en Becerril de la Sierra, cerca de Madrid, donde las vacaciones se convertían en auténticas aventuras. La casa era chiquita pero el jardín era un paraíso que convertíamos, según el juego, en una ciudad, una estación de bomberos, una gasolinera, una cancha de tenis, un circuito de Fórmula 1 o en la mejor fiesta de disfraces de la comarca. Mientras nuestros padres trabajaban en la capital de lunes a viernes, mis primos, mi hermano y yo quedábamos al cuidado de nuestros abuelos. Mi abuela batallaba para hacernos comer y nos contagiaba su amor por la lectura, mientras mi abuelo nos llevaba al pueblo en bici y nos enseñaba a jugar a todo tipo de cosas, algunas inventadas.

Éramos los expertos del mus y del cróquet y devorábamos libros mientras ellos echaban la siesta. Mi abuelo tenía un rincón especial: una huerta en la que veíamos crecer jitomates, lechugas, zanahorias, papas y algún experimento que a veces terminaba en el plato. "Me niego a que mis nietos piensen que las verduras nacen en los supermercados", decía mientras preparaba la herramienta y nos reunía en fila para darnos instrucciones.

Aún no sé cómo no terminamos descalabrados o con el rastrillo clavado en un ojo. Será que no me acuerdo de esos *detalles* como recuerdo las risas. En aquellos días coseché, además de fresas, cuidado, delicadeza, paciencia, constancia, responsabilidad y... vocabulario.

He olvidado algunos términos, pero hubo uno que me llamó la atención y no he escuchado mucho desde entonces. Surgió cuando llegó el día de *aporcar*. Todos quedamos fascinados ante la idea de lanzarnos tierra, dejar los pantalones listos para la basura y quedar cubiertos de jitomates maduros... Entonces mi abuelo nos mostró cómo amontonar la tierra alrededor de cada planta naciente y así sujetar su crecimiento a lo alto. El término *aporcar* no tenía que ver con *puerco* sino con *porca*, que en latín se refería al montículo que se forma al acumular la tierra a los lados de un surco. Podemos aporcar los tallos en las macetas para facilitar el riego en los bordes y reforzar el crecimiento de la planta o redirigirlo a nuestro gusto.

Han pasado muchos años. Ya no hay huerta. Mi abuelo ya no está. Pero mi amor por las plantas crece cada día. Ahora *aporco* los geranios de casa, queriendo revivir aquellas recolectas de risas y aprendizaje.

ANTIMACASAR

Paño que se coloca en el respaldo de sillones y butacas para protegerlos de la suciedad.

Si imagináramos la sala de nuestros abuelos, veríamos vitrinas con copas de cristal, fotos de todo el árbol genealógico repartidas por mesas y estantes, pinturas de paisajes, cuadernos de crucigramas y varios lentes, todo acompañado de unos sillones destartalados donde amabas dormir la siesta. "Me vas a manchar las carpetas", se quejaba la abuela. Pero por más que ponías atención aquellas piezas de ganchillo salían por todas partes. Te dabas la vuelta y, ¡zas!, un cuadradito de flores en el cuello; te estirabas para desperezarte y, ¡zas!, otro en las piernas; por fin te levantabas y, ¡pum!, dos entre los cojines. Jurabas que se reproducían...

Si imagináramos la boda de nuestro mejor amigo, seguro estarían nuestros compañeros de escuela alrededor de una mesa elegante. Nuestro amigo habría tirado la casa por la ventana y festejaríamos en un edificio colonial, donde unos violines amenizarían una gran cena a la luz de las velas. No podríamos creer cómo el que fallaba goles en el patio resultó capaz de organizar algo con tanto estilo. Vaya, hasta asientos forrados con telas blancas y lazos morados para no dejar ver los fierros de las sillas plegables...

Si imagináramos nuestro viaje ideal, seguro sería en avión, con asiento de ventanilla, sin nadie al lado (digo, es un sueño, ¿no?), mirando cómo nos alejamos de la tierra, descubriendo formas en las nubes e inclinando nuestro asiento para dormitar. Tomaríamos la almohada y la acomodaríamos en el respaldo. Colocaríamos de nuevo la telita con el logo de la compañía, que siempre se mueve y dobla pero que impide que nuestro gel llegue al asiento y *peine* al siguiente pasajero en ocupar nuestro sitio...

Reparé por primera vez en la palabra *antimacasar* en un instructivo de las medidas de emergencia en un avión. Me llamó la atención su sonoridad, su indescifrable origen y la dificultad para pronunciarlo bien: *¿anti... qué?*

El aceite de macasar, obtenido de las semillas de un árbol oriental, era muy usado en el siglo XIX en la cocina y el alumbrado. Los británicos lo empezaron a usar después como gel para el cabello. Se veían reguapos pero sus melenas dejaban marcas de grasa en todas partes. Las amas de casa solucionaron el problema cubriendo todos los espacios donde sus maridos posaban la cabeza. Y algo que servía para evitar el macasar debía llamarse... *antimacasar*. Genios. Así, en poco tiempo las casas se llenaron de encaje, las sillas con funda se hicieron imprescindibles en las comidas elegantes y los aviones incorporaron telas en cada asiento. La limpieza se facilitó, se redujeron gastos en retapizar y los publicistas encontraron *otro* lugar para exhibir una marca.

Sin embargo, me sorprende que, si ya dejamos atrás el macasar, aún exista el antimacasar. ¿No sería más fácil dejar la greña al viento?

ANGURRIENTO

Que orina frecuentemente.

Había escuchado muchas veces a mi madre advertirnos de lo malo que era aguantar las ganas de hacer pis y sus espantosas consecuencias, pero cuando mi hermano me contó que había personas que morían en accidentes de tráfico porque el choque les rasgaba la vejiga y la orina les provocaba infecciones mortales, me traumé. No exagero. Hasta lo busqué en internet.

Como dato tranquilizador, precisaré que no es muy común y que el supuesto choque tendría que ser muy brusco como para romper las resistentes paredes de un órgano tan vital, además de que la atención médica adecuada podría evitar la catástrofe. Pero de que pasa, pasa.

Cuando llegué a México, mi jefa de entonces me dio el mejor consejo para sobrevivir al tráfico chilango: "Nunca te subas al coche sin haber ido al baño. Puede que el mismo trayecto lo hagas en veinte minutos, y al día siguiente, en tres horas". Más de una vez he recordado esas palabras mientras manejo. Siempre he pensado que antes de que le explote a uno la vejiga, por muy llena que esté, termina inundado por la pena y rodeado de un charco de vergüenza.

Por eso cuando el doctor recomienda beber de dos a tres litros de agua al día me dan ganas de responderle "Claro, usted tiene un baño siempre cerca y puede hacerse un hueco entre paciente y paciente, pero ¿los demás?". Los demás nos hemos vuelto detectores profesionales de sanitarios próximos. Una especie de app mental con permiso para acceder a tu ubicación (si no la hay, deberían inventarla).

No debería quejarme. Ahora trabajo en casa y puedo tener una botella de agua junto a mi computadora, y visitas ilimitadas al baño. Ahora soy toda una libre y feliz *angurrienta*. Esa voz apareció en mi vida durante la búsqueda de si podía explotarte la vejiga por aguantar las ganas de ir al baño.

Descubrí que *angurriento* tiene que ver con *estranguria* (cuya ortografía, según los diccionarios, hace que la ere viaje de sílaba y a veces sea *estranguria*, y otras, *estangurria*); aunque en este caso la micción sea, además de frecuente, dolorosa y escasa (viene del griego *stranx*, traducido como *gota a gota* o *goteo que se produce al exprimir algo*, y *oûron*, de la que derivó la actual *orina*). De ahí *angurria* pasó a ser la forma coloquial de *estranguria/estangurria* y definir la micción dolorosa, mientras que en México sería únicamente la frecuente e indolora.

Para algunos la angurria supone un trastorno al orinar, llamado *polaquiuria*, que deriva en padecimientos tan conocidos como la cistitis en las mujeres o tan comunes como los paseos nocturnos en los hombres.

Intuyo que debe de ser muy incómodo y molesto, pero a mí me gustó tanto la palabra que al angurriento no le juzgaré el comportamiento.

AMUSGAR

Entrecerrar o entornar los ojos para ver mejor.

Fue en el oftalmólogo. A principios de 2004, después de más de 10 años lidiando con la miopía y los lentes, decidí que el láser me diera una oportunidad de ver la vida de otra forma. Y así, como posándose en un nido, la palabra llegó, en este caso, a mis oídos. "Lograremos que dejes de amusgar los ojos". Como platos los debí abrir en ese momento. Mi madre me regañaba por fruncir el ceño ("te van a salir arrugas"). ¿Ahora tendría que cuidarme del musgo también?

No, nada que ver con la plantita, sino con su origen árabe: *al-musgá*, el verbo del que derivó el actual, que se traduciría como *inclinarse para escuchar*. Escuchar algo que no se ve.

A todos nos ha pasado: nos dicen algo y no lo entendemos con claridad, así que entornamos los ojos como si así las orejas se pudieran concentrar mejor. Los miopes sabemos bien de este gesto. Exprimimos todos los músculos faciales y, curiosa y hasta milagrosamente, empezamos a escuchar mejor. Misterios que no termino de descifrar.

Hay quien sitúa la etimología en el latín, en otro verbo: *musāre*, que significa *murmurar* y que apela a otro de sus significados, que tiene que ver con el movimiento que hacen los toros o los caballos con las orejas. Según la especie parece que se pueden amusgar los ojos y las orejas, como verán.

Amusgar también es la postura que adoptamos cuando algo no nos termina de convencer, nos parece sospechoso o dudamos de lo que nos están diciendo. Cara de circunstancia, que dirían algunos.

Así que amusga las orejas, los ojos o lo que puedas, pero plantéate ir al doctor si haces esta acción con frecuencia: te pueden salir arrugas, como decía mi madre, o puedes terminar en el oftalmólogo, como me pasó a mí. Con palabra nueva, eso sí.

AMPLEXO

En el lenguaje poético, sinónimo de un abrazo.

Recuerdo una vez que grabábamos un programa de concursos que se transmitía en TVUNAM. En él dos equipos de universitarios competían con pruebas de gramática. En una de ellas había que encontrar sinónimos. Apareció la palabra *ósculo* y el muchacho que debía responder abrió los ojos y ante el temor de quedar en ridículo dijo un discreto *¡paso!* Bien bajado ese balón. Pero yo me quedé picada y al terminar el tiempo le pregunté: "¿Nunca te han dado un ósculo, Juan Antonio?". Me miró espantado. "¡Noooooo!". No sé qué le asustaba más: que yo hubiera dicho a cuadro una palabra rara terminada en *–culo* o evidenciar que no tenía ni idea de qué significaba. "Eso se arregla rápido, te doy uno". Empezó a sudar frío, pero respiró aliviado cuando le di un beso en la mejilla y así terminó su tortura. "¡Es un beso, menso!", le gritaron sus compañeros desde atrás. Un aplauso largo le permitió tragar saliva y con risas pasamos a la siguiente ronda. Seguramente empezó a repartir ósculos ese día.

El lenguaje poético se escucha poco. Parece estar en un baúl que se abre muy de vez en cuando, sólo para los versos escritos. Ahí, rodeado de palabras exquisitas y avalado por las licencias de la lírica, puede permitirse vivir a sus anchas, a sabiendas de que será pronunciado esporádicamente. No hay desgaste, sí eternidad. El vocabulario poético perdura como ningún otro. A prueba de modas y abandonos. El olimpo del léxico. Aun así, no está completamente exento del olvido.

A la gente se le paran las pestañas al oír *ósculo;* pero cuando escuchan *amplexo,* se produce algo mucho peor: la indiferencia. No asombra ni sorprende. Ni siquiera da lugar a equívocos. *Amplexo* suena a algo *complexo.* Así que ésta es una reivindicación para que los abrazos también nos hagan reaccionar.

El prefijo latino *am-,* al igual que *amb-,* significa *por las dos partes.* Es decir, se necesitan dos elementos. Dos personas unidas por dos brazos. Sin embargo, suena a término de médico, no de poeta.

Y pensándolo bien, sí da lugar a equívocos: en algunas especies, *amplexo* es sinónimo de *cópula.* Y está el *amplexicaulo,* adjetivo con que describimos los órganos que abrazan el tallo de una planta. Respira y estira...

No sé si me atrevería a firmar una carta mandando *amplexos,* pues me arriesgaría a que no me contestaran, pero en tiempos en los que las muletillas y las palabras comodín inundan cualquier conversación, casi se agradece que estas exquisitas voces vengan a sacudirnos la flojera lingüística antes de regresar a su relicario donde duermen plácidamente junto con otras tantas.

AGRAZ

Sin madurar.

Faltan veinte minutos y yo ya estoy de los nervios. Como tooooooodos los años por más que prometimos empezar a cenar temprano y llegar a este momento con calma, no se logró. El segundo plato, el postre y la recogida de mesa fueron un solo paso y aún atragantados con el mazapán, alguien se apresura a traer los platos de uvas y prender la tele para ver las campanadas desde la Puerta del Sol. En Televisión Española, porque nos gusta conservar tradiciones.

Al menos alguien tuvo la brillante idea de repartir doce en cada plato, pero nos falta tiempo para pelarlas y quitarles las semillas, que no queremos repetir aquel susto que nos dio el tío Ángel esa Nochevieja. Así que aquí estamos, toda la familia Arroyo sentada frente al televisor llenándonos de jugo de uva como si estuviéramos en plena vendimia. Tic tac.

Otra tradición: los plomos se funden porque están prendidos el microondas, el horno, el lavaplatos y luces de media casa. Los fusibles no aguantan tanta actividad en una sola noche. Gritos, reclamos, risas, linternas y ooootra vez la misma pregunta de cómo se cambian los fusibles. Tic tac.

Faltan cuatro minutos. Voy pelando ya la quinta. Mayo se me está resistiendo. Estas uvas están muy duras. Estuvieron en el balcón desde hace tres días y el invierno está rudo este año. Pero es que la compra del preciado fruto en estas fechas es todo un tema. Y un poema. Se arman conversaciones al respecto. Y hasta discusiones, si la uva no pasa la prueba. La de este año está muy verde. "Agraz, querrás decir". No creo que sea el momento para una discusión lingüística pero parece ser otra tradición familiar: sacar a relucir que alguien usó mal alguna palabra. Y si el debate no dio para tanto, siempre está el socorrido escape de cómo se dice esto en México. Y Laura, que aún batalla con la décima uva faltando dos minutos trata de zanjar rápido el tema. Tic tac.

"Agraz se usa para algunos frutos; la uva es uno de ellos, por estar verde, áspera y agria, y justo viene de *acer* en latín, que quería decir *agudo, punzante, agrio,* y de él llegaron palabras como *agro,* que antiguamente se usaba para *ácido,* pero también para *vinagre,* que se decía *acetum; aguja, aguijón, acre, acuciar* y palabras similares que comparten raíz". Y ácida y acre me voy a poner como me sigan distrayendo y retrasando, que falta un minuto y estas uvas agraces están durísimas. Que luego me llaman *ñoña,* pero es que me lo ponen en bandeja. Tic, tac.

Las siempre anunciadas instrucciones de los cuartos previos, la canción de Mecano que nos las recuerdan, las campanadas, los nervios, las risas, los deseos, los ahogos por no tragar a tiempo, las bromas, las celebraciones, los abrazos, los fuegos artificiales, el nuevo año. *Agraz* empieza por la primera letra y termina por la última, como esta cena, que se reparte en dos años, entre lo último y lo nuevo, los anhelos y los propósitos, los recuerdos ácidos y las verdes esperanzas. Y vamos madurando. O creciendo. O envejeciendo. Feliz año nuevo.

ABUELO

Cada uno de los mechoncitos que quedan sueltos en la nuca o en la frente al estirar unido el cabello hacia arriba o hacia atrás.

a primera vez que me quejé de mis abuelillos con una peluquera se me quedó mirando extrañada. Ahí deduje que no era un término común, sino más bien uno de esos que forman el vocabulario familiar. En mi casa siempre nos habíamos referido así a los cabellos que nacen en la frente o en la nuca y que nunca crecen lo suficiente como para ser peinados con el resto de la cabellera. Quizá sea un término común porque en las cabezas de mis primos, sobrinos y hermano abundan los abuelillos y batallamos mucho con ellos cuando nos hacemos coletas o trenzas (más nosotras que ellos). Odiamos el gel, así que dejamos que estos mechoncitos vuelen a su antojo como insignia consanguínea.

Cuando me cuestionaron por qué les decía así no supe qué responder. Como siempre, acudí al diccionario en busca de luz, pero lo único que pude constatar es que se trata de un término común que aparece definido en los libros y que no era una ocurrencia de mis antepasados. Existía y había más abuelillos jugueteando en otras melenas. Respiré aliviada pero seguía sin encontrar la relación entre mis ancestros y aquellos filamentos que adornaban nuestra sesera.

El diminutivo parece responder más a una connotación de cariño, pues la voz en los libros es *abuelo*, pero esa connotación no quiere decir que les tengamos siempre afecto. Mi prima menor solía arrancarse esos mechoncitos, no sé si por juego o por desesperación de no poderse ver nunca la frente despejada en sus competencias de gimnasia, donde las deportistas salen siempre impecables. Yo la imitaba, pero con los vellos de la ceja. Llegaba a diez y paraba. Aún no sabía que se pondría de moda la ceja tupida muchos años después... Cuando mi tía nos vio en lugar de regañarnos nos dejó un enigma: "Si seguís haciendo eso terminaréis con tricotilmanía". Y surtía efecto. Ante la duda de no saber lo que significaba la palabra y si se trataba de algo grave, nos dedicamos a investigar (así hemos aprendido bastante vocabulario médico, pues de ese lado de la familia hay mucho doctor). *Tricotilmanía* es la "acción de arrancarse compulsivamente mechones de vello de diversas partes del cuerpo que puede terminar en trastorno". *Gulp*. Dejamos de hacerlo.

Desde entonces lucimos orgullosas nuestros abuelillos y los presumimos ante quien hace alusión a ellos. A veces tener algo excepcional te hace rara y sobresaliente, tan sobresaliente como esos mechones de pelo.

ÍNDICE